Die Kunst
der menschlichen Beziehungen

Pietro Archiati

DIE KUNST DER MENSCHLICHEN BEZIEHUNGEN

Unterwegs zum Gegenüber

Rudolf Steiner Ausgaben

2. Auflage 2023

Herausgeberin: Rudolf Steiner Ausgaben
(Monika Grimm, Bad Liebenzell)
Korrektorat: Christine u. Manfred Becker, Meerbusch

ISBN: 978-3-86772-771-6

Rudolf Steiner Ausgaben e. K.
Burghaldenweg 37 · D-75378 Bad Liebenzell
Telefon: (07052) 935284 · Telefax: (07052) 934809
anfrage@rudolfsteinerausgaben.com
www.rudolfsteinerausgaben.com

Inhalt

Die Kunst der menschlichen Beziehungen

Unterwegs zum Gegenüber

Ein Vortrag in München am 22. Oktober 1999

- In der Beziehung von Mensch zu Mensch werden alle Register der Persönlichkeit und des Menschentums herausgefordert und in die Lebendigkeit gebracht *S. 7*
- Es gibt zunehmend Menschen, die sich sehr einsam fühlen. Verstärkt wird diese Einsamkeit zum einen durch die Sachzwänge, in die der Mensch immer mehr hineingebracht wird, zum anderen durch den Umgang mit der Maschine *S. 10*
- Nietzsches Gedicht «Vereinsamt». Die positive Seite der Einsamkeit ist, dass der heutige Mensch nur aus der Freiheit heraus gute und tiefe Beziehungen aufbauen kann *S. 14*
- Die Kunst der Beziehungen ist die Kunst, eine solche Fantasie der Liebe zu pflegen, dass man immer weiß, was der andere möchte *S. 19*
- Wahrnehmen, verstehen, bejahen und dienen sind die vier Saiten der Geige, wo alle Melodien, alle Harmonien der Beziehung zwischen Menschen künstlerisch erlebt werden *S. 21*

- In der Menschheit lebt eine halbbewusste, aber gewaltige Sehnsucht, zunehmend das wahrzunehmen und ins Bewusstsein zu holen, was übersinnlich zwischen zwei Menschen lebt *S. 26*
- «Warum gabst du uns die tiefen Blicke?», ein Gedicht Goethes. In seiner Einsamkeit vertieft der heutige Mensch sein Gemüt durch die Entbehrung der Menschlichkeit, sodass die Fragen des Mysteriums des Schicksals auftauchen *S. 29*
- Alles Gemeinsame sollte als Grundlage für das Individuum da sein, um das Eigentliche, Eigene zu erleben, und das ist das Einmalige der Individualität *S. 36*
- Wo zwei Menschen schicksalsmäßig ineinander weben, können sie nie mehr auseinandergehen, denn die Richtung der Entwicklung ist die restlose Wiedereingliederung aller Menschen ineinander *S. 43*

Fragenbeantwortung *S. 48*

Anhang: Das Gottesurteil in Gottfrieds *Tristan* –
eine Gotteslästerung? *S. 57*
(ein Aufsatz von Pietro Archiati)

Zu dieser Ausgabe *S. 79*
Über Pietro Archiati *S. 80*

Die Kunst der menschlichen Beziehungen

Unterwegs zum Gegenüber

Sehr verehrte Anwesende!

Ich habe für den Titel des Themas heute Abend das Wort «Kunst» gewählt, aus dem Grunde, weil ich der tiefen Überzeugung bin, dass die Art und Weise, wie Menschen miteinander umgehen, so herausfordernd, so komplex, so wunderbar ist, dass eigentlich das Leben dazu da ist, um diese Kunst zu lernen und sie immer besser zu üben.

Und ich kann mir kaum etwas vorstellen, wo das Künstlerische, das Schöpferische, das Erfindungsreiche eines Menschen, wo alle Register der Persönlichkeit und seines Menschentums so herausgefordert und in die Lebendigkeit gebracht werden, wie das geschehen kann in der Beziehung zwischen Mensch und Mensch.

Und deswegen werde ich heute Abend versuchen, Sie anzustecken mit der Positivität und Unerschöpflichkeit dieser Kunst, indem wir darin leben. Und ich werde natürlich auch indirekt damit sagen wollen, dass die heutige Menschheit sich vielleicht damit schwertut und darunter einiges gelitten wird, weil diese Kunst vielleicht etwas vernachlässigt wird. Und so möchte der Abend auch dazu da sein, um Mut zu machen zu künstlerischen Beziehungen.

Wenn ich jetzt als Redner den Genius der deutschen Sprache, diesen Genius bitte, mir die richtigen Inspirationen zu geben für dasjenige, was ich über Beziehungen zu sagen habe, dann ergibt sich etwas Verblüffendes im Deutschen. Es gibt zwei Worte: «Begegnung» und «Beziehung».

Und zwei Worte, die genauso wichtig wären, gibt es im Deutschen nicht. Das sind die Worte «kommunizieren» und «akzeptieren». Natürlich sagen wir auf Deutsch kommunizieren, sagen wir akzeptieren. Das sind aber keine deutschen Worte. Und Sie werden sagen: Es gibt aber deutsche Worte für «akzeptieren», Worte für «kommunizieren». Aber sie taugen nicht ganz.

Dagegen gibt es zwei urdeutsche Worte: «Begegnung» und «Beziehung», wobei das eine das Gegenteil vom anderen sagen will. Denn in der «Begegnung» ist das Wort «gegen» enthalten. Das finde ich so wunderbar. Im Gegenüber erlebe ich einen Gegensatz. Das ist ja das Tolle dabei. Hingegen das Wort «Beziehung» hat das gegenteilige Bild. In der Beziehung ist das «Ziehen» enthalten, die Anziehungskraft.

Also eine Beziehung ist einerseits die Kunst, sich zu bewegen zwischen einem Gegenüber, wo Gegensätze erlebt werden, Kraft und Gegenkraft, wie in einem Spiel sozusagen. Andererseits zieht uns gerade dieses Kräftemessen an.

Wir wollen immer wieder «bezogen» werden, «einbezogen» werden in diese Beziehung, weil wir «angezogen» werden von diesem Kräftemessen zwischen dem Ich und dem Du.

Also Sie sehen, wie diese zwei Worte dadurch, dass sie zwei gegensätzliche Bilder, des Gegensatzes einerseits und der Anziehungskraft andererseits, enthalten, wie uns schon der Genius der Sprache hilft, in die Phänomenologie, in die Vielfältigkeit dessen, was da passiert zwischen zwei Menschen, die wirklich, echt menschlich miteinander kommunizieren und miteinander in Verbindung treten wollen, hineinzukommen.

Ich möchte sagen, der Grund, warum es kein deutsches Wort für «akzeptieren» und «kommunizieren» gibt, ist, dass der Mensch im Norden – wir leben ja von der Sprache der Menschen im Norden der Alpen – etwas scheu ist, er hat Scheu davor, die Wirklichkeit, den anderen so zu akzeptieren, wie er ist. Man möchte sofort eingreifen und das besser machen und da etwas ändern. Und deswegen hat man eine gewisse Abneigung, ohne Weiteres vom Akzeptieren zu reden. Deswegen gibt es kein Wort dafür.

Und kommunizieren, «Kommunion» ist eine Union, die noch verstärkt wird durch das «komm». Da hat man eine gewisse Scheu davor, gemeinsam aufzugehen, eine gewisse Scheu, dass es dann wieder die alte Kommunion ist, bei der man im Gemeinsamen aufgeht und die eigene Individualität verliert.

Und ich werde versuchen, jetzt anhand von diesen anfänglichen Inspirationen des Genius der deutschen Sprache meine Gedanken über die menschlichen Beziehungen mit Ihnen zu teilen.

Und das erste Phänomen, auf das ich Bezug nehmen möchte, liebe Anwesende, ist das Phänomen der Einsamkeit als Grundlage, als Ausgangspunkt für die Herausforderung, die der heutige Mensch erleben kann, umso freier, umso Initiative ergreifender immer wieder in Beziehung mit dem anderen zu treten, das Gegenüber des anderen zu erleben.

Es gibt, das ist gar keine Frage, zunehmend Menschen, die sich sehr einsam fühlen. Vor lauter Gesellschaft und Sozietät und auch Dingen, die wir gemeinsam machen, ist der Einzelne immer gefährdeter. Und deswegen erleben wir vielleicht auch immer weniger echte Kommunikation. Und wir werden sicherlich unsere Zeit gut einsetzen, wenn wir uns einige Gedanken darüber machen, woher die Einsamkeit, die zunehmende Einsamkeit, die Isolierung des heutigen Menschen kommt.

Ich meine, dass vielleicht insgesamt – das dürfen Sie nicht zu hart pressen, es gibt auch Ausnahmen auf beiden Seiten –, aber ich meine, dass diese Einsamkeit, die Isolierung vielleicht etwas mehr vom weiblichen Geschlecht erlebt wird. Aber das zeugt nur von einem größeren Reichtum der Innerlichkeit beim weiblichen Geschlecht, dass die

Isolierung mehr erlebt wird, dass sie mehr gemerkt wird, dass da mehr Anspruch erhoben wird auf Kommunikation, dass echte Kommunikation vorhanden sein soll.

Und da möchte ich zwei Gründe angeben, die die Isolierung und die Einsamkeit in unserer Zeit verstärken. Der erste Grund ist die Art und Weise, wie der Druck der Leistungen, die von uns erwartet werden, der sogenannte Stress, den Menschen immer mehr in den Dienst der Sache stellt.

Ich habe auch in den letzten Tagen an anderen Orten gesagt: Versuchen wir einen Tag anzuschauen, einen normalen Tag, den Ablauf, wie das alles vor sich geht. Bedenken Sie, wie viele Dinge es gibt, für die ein Mensch zuständig ist. Das muss getan werden, das wird von mir erwartet, da muss ich aufpassen, dass da nichts fehlt.

Es sind so viele Dinge, so viele Zuständigkeiten, so viele Erwartungen, dass in unserem Zusammensein heute in der Komplexität des technischen Lebens es fast nur um die Sache geht. Und es gibt Menschen, die sich dessen rühmen, so sachlich zu sein. Doch wenn der Mensch zu sehr versachlicht wird, verliert er seine Menschlichkeit. Denn der Genius der deutschen Sprache hat der Sache gegenüber sofort ein schönes Wort dazu erfunden. Das sind die «Sachzwänge».

Und ich bin davon überzeugt, dass der heutige Mensch, der Normalbürger, weitgehend sein Leben, seine Kräfte in den Sachzwängen verbraucht und sich da verausgabt, dass, wenn alle Sachzwänge berücksichtigt sind, wenn er wirklich alles getan hat, was von ihm erwartet wird, kaum Kräfte übrig bleiben, kaum Zeit übrig bleibt für irgendetwas anderes. Man ist ganz ausgepufft und man hat Glück, wenn man noch Zeit hat, um sich auszuruhen. Geschweige denn, dass man Zeit und Kräfte hätte und Innerlichkeit und Tiefe, um wirklich jetzt die menschliche Dimension der Beziehungen in Anspruch zu nehmen.

Und wenn wir Gründe finden wollen, warum es diese Sachzwänge gibt – die Sache, sei es eine Einrichtung, sei es was auch immer, ein Job oder eine Arbeit –, dann kann der heutige Mensch sagen: Ja, es geht darum, dass jeder sein Geld verdienen muss. Und mit dem Druck, dass jeder Geld verdienen muss, kann man dann sehr vieles rechtfertigen.

Die Frage ist nur, ob, wie ich angedeutet habe, überhaupt noch etwas an Kräften übrig bleibt, und überhaupt die Möglichkeit besteht, eine gewisse Innerlichkeit – dasjenige, was ich heute Abend vielleicht die Seele nenne –, die Innerlichkeit des Menschen und auch seinen Geist genügend zu pflegen, dass er die Qualität des Lebens und der Beziehungen noch erleben kann.

Ein Zweites, was ich als Grund für die Einsamkeit erwähnen möchte – man kann natürlich viele andere Dinge noch erwähnen –, ist der Umgang des heutigen Menschen mit der Maschine. Immer mehr Menschen verbringen und immer mehr Zeit wird verbracht im Umgang mit den Maschinen. Ganz besonders zum Beispiel in der letzten Zeit mit den Computern. Das ist vielleicht das Musterbeispiel dafür.

Und fast jeder hier kennt inzwischen die berühmte Maus, die man da hat. Hand drauf, es wird angetippt und die Aufgabe der Maus ist natürlich das zu tun, was befohlen wird. Und es ist ja schrecklich, wenn das nicht nach Befehl vor sich geht, da ärgert man sich.

Die Frage, die ich jetzt hervorheben möchte, ist, welche innere Struktur der Mensch entwickelt, der so viel Zeit damit verbringt, so viele Kräfte aufwendet – jetzt unabhängig davon, ob das sein muss, das wollen wir nicht beurteilen, ich möchte nur phänomenologisch schildern, wie es ist.

Ich meine, es entsteht unweigerlich eine innere Struktur des Beherrschens. Denn der Mensch kann nur als Herrscher mit der Maschine umgehen, denn die Maschine hat ja überhaupt keine Grundlage, keine Möglichkeit ein Gegenüber zu sein. Sie kann nicht Gedanken, eigene Gedanken, eigene Gefühle oder gar eigene Willensimpulse dem Menschen entgegenbringen.

Diese innere Struktur des Beherrschens, des Befehle-Erteilens und der Erwartung, dass die Befehle ohne Stellungnahme ausgeführt werden – der heutige Mensch merkt zu wenig, wie diese innere Struktur verinnerlicht wird –, sie wird zur Gesinnung, zur Struktur der Seele. Und ich meine, wir merken zu wenig, wie diese innere Struktur des Beherrschens, des Befehle-Erteilens unweigerlich in die Beziehungen mit den Menschen eindringt.

Und dann sind wir überrascht oder wir klagen, dass die Beziehungen immer schwieriger werden. Und wir merken nicht, wie viel es damit zu tun hat, dass wir diese innere Gesinnung haben, dadurch dass überhaupt keine Kommunikation vorhanden sein kann im Umgang mit den Maschinen. Weil wir fast nur das kennen – ich übertreibe jetzt ein bisschen, um meinen Punkt deutlich zu machen –, weil so viele Menschen kaum etwas anderes erleben, können sie kaum etwas anderes. Und wenn sie in einer Beziehung mit einem Menschen sind, weil sie kaum etwas anderes geübt haben oder können, übertragen sie diese Gesinnung auf die Beziehung zum Menschen.

Und man könnte staunen, wie viel in den heutigen Beziehungen Versuche sind, ohne sich das bewusst zu machen, ohne es zu wollen, aber Versuche, sich gegenseitig zu verwalten. Ich habe gestern in Ulm gesagt, ich bin überzeugt, dass weit über 90% der Transaktionen in den normalen Beziehungen Versuche sind, sich gegenseitig zu verwalten, ohne es zu merken, weil das die Gesinnung ist, die der Mensch ständig der Maschine gegenüber hat.

Ich möchte Ihnen ein Gedicht von Friedrich Nietzsche über dieses Mysterium der Einsamkeit vorlesen – an dem ich dann zeigen werde, dass wir durch diese Einsamkeit besser dran sind, weil die Einsamkeit eine bessere Grundlage für eine herzliche Beziehung ist, weil gerade die Beziehung dann als Erlösung aus der Einsamkeit erlebt werden kann, in der Dankbarkeit, dass ich nicht einsam bleiben muss, sondern dass ein Gegenüber, ein Mensch da ist, der mich immer wieder aus der Einsamkeit herausreißt.

Und ich kenne weniges, was so gewaltig, auch sprachlich so gewaltig, dieses Mysterium der Einsamkeit des modernen Menschen in Sprache bringt wie dieses Gedicht von Nietzsche. Der erste Teil heißt «Vereinsamt». Das gesamte Gedicht heißt «Mitleid hin und her».

Die Krähen schrein
Und ziehen schwirren Flugs zur Stadt:
Bald wird es schnein –
Wohl dem, der jetzt noch – Heimat hat!

Nun stehst du starr,
Schaust rückwärts, ach! wie lange schon!
Was bist du Narr
Vor Winters in die Welt – entflohn?

Die Welt ein Tor
Zu tausend Wüsten stumm und kalt!
Wer das verlor,
Was du verlorst, macht nirgends halt.

Nun stehst du bleich,
Zur Winter-Wanderschaft verflucht,
Dem Rauche gleich,
Der stets nach kältern Himmeln sucht.

Flieg, Vogel, schnarr
Dein Lied im Wüsten-Vogel-Ton! –
Versteck, du Narr,
Dein blutend Herz in Eis und Hohn!
Die Krähen schrein
Und ziehen schwirren Flugs zur Stadt:
Bald wird es schnein –
Weh dem, der keine Heimat hat![1]

Der Mensch, der sich von der Stadt wegbewegt, weil er die Stadt, die sogenannte Gemeinsamkeit der Menschen als viel zu langweilig, sich in der Stadt als viel zu einsam erlebt, weil da eben alles vorgegeben ist, alles brav bürgerlich sein muss und so weiter – er geht hinaus in die Welt, und in der Welt ist noch mehr Einsamkeit da.

Winter – Sie sehen, wie Nietzsche ein Mensch ist, der sehr gerungen hat mit der Einsamkeit. Denn hier taucht nirgendwo der Gedanke auf, dass natürlich, selbstverständlich

---

1 Das Gedicht von Friedrich Nietzsche wurde erstveröffentlicht in: *Das Magazin für Litteratur,* herausgegeben von Otto Neumann-Hofer, Berlin, 10. November 1894, 63. Jahrgang, Nr. 45, S. 1481: «Vereinsamt». s. auch *Nietzsche's Werke,* Band VIII (Leipzig 1899), S. 350-1: «Mitleid hin und her»: I. «Vereinsamt».

die Lösung zu dieser Einsamkeit der Mut zur Kunst der menschlichen Beziehung ist: die innere Entscheidung, den Menschen in ihrem Geist, in ihrer Seele Priorität zu geben und die tägliche Entscheidung, Zeit zu finden für Menschlichkeit. Denn, wenn der Mensch heute nicht aus der Freiheit diese Entscheidung trifft, gibt es so viele Dinge, die vermeintlich zu tun sind, dass wir sicher sein können, es bleibt keine Zeit für den Menschen.

Aber das ist gerade die positive Seite dieser Einsamkeit, liebe Anwesende, dass der heutige Mensch nur in Freiheit, aus freier Entscheidung gute und tiefe Beziehungen aufbauen kann, gerade, weil es uns nicht mehr vergönnt ist, aus der Spontaneität, aus den vorgegebenen Kräften des Herzens heraus herzlich miteinander umzugehen. Herzlichkeit wird fortan nur eine Errungenschaft der Freiheit sein können. Das bedeutet eine umso tiefere Menschlichkeit.

Das ist die positive Seite der Tatsache, dass wir eine Kultur haben, oder nennen Sie sie Unkultur, wenn Sie wollen, wo keine Zeit übrig bleibt für die Sprache des Herzens zum Herzen: wo Herz dem Herzen horcht, wo das Herz zum Herzen spricht, wo ein Herz das Herz des anderen wahrnimmt. Und gerade deswegen darf diese Herzlichkeit eine Errungenschaft der Freiheit sein.

Das kann der Mensch nur tun, wenn er die Initiative ergreift, wenn er sich als Künstler erlebt, sodass die Beziehungen nie mehr gut und schön sein können ohne unser

Künstlertum. Ist das nicht wunderbar, liebe Anwesende, dass unsere Beziehungen nie mehr schön und gut sein werden, ohne dass unsere Freiheit, unsere Initiative Künstlertum, bewusstes, Initiative ergreifendes Künstlertum da hineinbringt?

Aber sagen Sie mir nicht, dass das nicht möglich ist. Es ist möglich, weil jeder Mensch Mensch ist. Und jeder Mensch hat den Stoff in sich, menschlich mit dem anderen umzugehen. Er braucht das nur zu wollen. Und Sehnsucht danach trägt jeder Mensch in sich, denn jeder Mensch ist Mensch. Und einen Menschen, der keine Herzlichkeit, keine Menschlichkeit sucht, hat es niemals gegeben. Einen solchen Menschen hat es niemals gegeben.

Wir brauchen nur dieses Tiefere in uns zum Bewusstsein zu bringen und es ist höchste Zeit, dass wir das tun, weil sonst diese Einsamkeit immer mehr Menschen in das Depressive hineinbringt. Und ich sehe die Depression in erschreckendem Maße zunehmen in der Menschheit. Oder andere werden aggressiv bis zur Gewalt hin.

Aber das sind alles Versuche, um die Einsamkeit zu verschleiern oder zu betäuben, weil sie unerträglich wird. Denn wenn der Mensch Menschlichkeit erlebt, braucht er weder depressiv noch aggressiv zu werden. Er lebt in der Fülle. Er erlebt eine solch tragende Kraft, dass er nicht diese schlechten Ersatzversuche der Depression oder der Aggression braucht.

Der Künstler, der Mensch in Beziehung, stellt sich täglich die Frage: Wie möchte ich vom anderen geliebt werden? Anhand dieser Frage kann ich immer wieder herausfinden, wie ich den anderen behandle, künstlerisch und mit Fantasie. Denn eine Beziehung ist ein Werk der Fantasie, der moralischen Fantasie der Liebe.

Nur so kann eine Beziehung gut sein, wenn die moralischen Kräfte der Fantasie der Liebe gepflegt werden, indem ich täglich mir vergegenwärtige: Wie möchte ich, dass der andere mich behandelt? Wie möchte ich gehört werden? Wie möchte ich, dass der andere Zeit für mich findet? Wie möchte ich, dass der andere mich versteht, ohne über mich urteilen oder mich sogar verurteilen zu müssen? Wenn ich mir diese Fragen immer wieder vergegenwärtige, bekomme ich die richtigen Inspirationen, die mir sagen, wie ich den anderen behandle. Ich lerne so zu lieben, wie ich geliebt werden möchte.

Und bedenken Sie, wie kompliziert das ist, die Art und Weise, wie jeder Mensch geliebt werden möchte. Denn in dem einen Moment sage ich: Ja, jetzt möchte ich, dass du mich in Ruhe lässt. Bitte, könntest du nicht verschwinden! Das passiert immer wieder, natürlich. Jeder hat Zeiten, wo er in Ruhe gelassen werden möchte. Er hat auch das Recht dazu! Aber der andere muss die Fantasie der Liebe haben, um das zu sehen und zu verschwinden. Und dann demselben Menschen, der eine halbe Stunde vorher gesagt hat, du, jetzt möchte ich, dass du mich in Ruhe lässt, ist es vielleicht jetzt so zumute, dass er in Gesellschaft sein möchte: Bleibe bitte bei mir!

Der andere könnte sagen: Ja, was willst du? Dass ich dich in Ruhe lasse oder dass ich bei dir bleibe? Beides, in Abwechslung. Und die Fantasie der Liebe ist dazu da, um so zu horchen – und das ist keine Sache des Oberstübchens, sondern des Unterstübchens, des Herzens –, so zu horchen, dass man aus der Kraft der Liebe weiß, was der andere möchte. Das ist die Kunst der Beziehungen.

Wenn das Ihnen etwas zu bunt vorkommt, kehren Sie das um! Kehren Sie die Spitze um. Wie möchte ich, dass der andere mit mir umgeht? Dann werden Sie sehen, dass es sofort stimmt. Denn meine Erwartungen dem anderen gegenüber – und jeder kann das von sich sagen – sind sicherlich kompliziert genug. Denn ich möchte, dass der andere immer meinem Wesen entspricht. Aber mein Wesen ist kompliziert. Mal so, mal so, je nach seelischer Lage und so weiter.

Und die Kunst der Beziehungen ist die Kunst, eine solche Fantasie der Liebe zu pflegen, dass man immer weiß, was der andere möchte. Und dass man bereit ist, aus der Liebe heraus das zu tun. Und in dieser Kunst gibt es auch andere Künste. Es gibt Künste, die wir als Künste sehen und andere Dinge, die wir nicht als Künste sehen. Zum Beispiel: Ich habe niemals verstanden, warum die Menschen die Denkkunst nicht als Kunst sehen. Für mich gehört sie zu den höchsten, kompliziertesten Künsten, die es gibt: die Denkkunst.

Aber selbst alle anderen Künste, die wir als Künste betrachten, das Malen oder das Musizieren – Sie werden sehen, dass alle Künste wesentlich die Dimension der Kommunikation zwischen Menschen haben. Die Kommunikation zwischen Menschen ist immer da, schon allein die Kommunikation zwischen Kunstschaffenden und Kunstgenießern. Das Kunstschaffen hätte keinen Sinn, wenn es keine Kunstgenießer gäbe. Sie sehen, es ist ein Mysterium der Beziehung zwischen Menschen.

Und was ich heute Abend menschliche Beziehungen nenne, ist das Gesamte. Deswegen umfasst diese Kunst alle Künste. Denn alle Künste sind Teilaspekte des Umgangs zwischen Mensch und Mensch. Ein Gemälde ist im tieferen Sinne eine Art des Umgangs zwischen Mensch und Mensch. Was sonst, frage ich Sie! Denn für wen malt der Maler? Sicherlich nicht für die Mäuse, vielleicht auch für die, auf andere Weise, aber vordergründig für die Menschen.

Und wenn wir diese Gesamtkunst jetzt etwas gliedern wollen, könnte man natürlich Unendliches sagen. Wir können eine ganz normale Leiter nehmen, sodass wir zunächst von der Sinneswahrnehmung ausgehen. Die Sinneswahrnehmung erweckt Gedanken in uns: eine denkerische Stellungnahme. Durch die Gedanken werden die Gefühle, die

Sympathie, die Antipathie und so weiter angeregt. Und auf der Grundlage von Sinneswahrnehmung, Denken und Fühlen regt sich der Wille, regen sich die Willensimpulse. Und dann fließt das in das Handeln hinein und wir tun etwas. Ich sehe etwas, mein Denken sagt mir, was es ist. Meine Gefühle sagen mir, ob mir das gefällt oder missfällt. Und auf dieser dreifachen Grundlage handle ich dann.

Und in den Beziehungen ist es genauso: Wahrnehmen, der erste Schritt der Kunst, die erste Grundlage der Kunst der Beziehungen. Der zweite große Schritt ist das Verstehen: Wir brauchen das Denken, um das Wesen des anderen und der Beziehungen zu verstehen, zu erfassen. Als dritte Phase, als dritte Stufe, sind die Kräfte des Herzens dazu da, um zu bejahen, um den anderen zu lieben, so wie er ist, Positivität dem anderen gegenüber zu üben. Und die Frage des Willens, der Handlung ist dann: Wie kann ich deinem Wesen behilflich sein? Wie kann ich dir als Hilfe dienen, sodass du weiterkommst?

Wahrnehmen, verstehen, bejahen und dienen. Das sind die vier Saiten der Geige, wo alle Melodien, alle Harmonien der Beziehung zwischen Menschen künstlerisch erlebt werden. Denn das sind natürlich erst die vier Saiten. Denn vier Saiten enthalten nicht nur vier Noten – unendlich viele Noten, aber immer diese vier Saiten.

Und ich bewundere immer wieder den Genius der deutschen Sprache. Ich habe mir alle diese Dinge als Erwachsener bewusst aneignen müssen. Sie haben das alles mit der Muttermilch eingesogen. Die «Sinneswahrnehmung» ist ein zauberhaftes Wort: Es wird hereingenommen, «Nehmung», das wahre Wesen, die Wahrheit.

Diesen Schritt überspringen wir sehr oft in den Beziehungen. Wir meinen, den anderen schon zu kennen. Und wir gucken nicht hin, wir hören nicht zu. Wir überspringen zu oft die Wahr-nehmung des anderen. Wir pauschalisieren, wir verallgemeinern den anderen, aber wir möchten nicht verallgemeinert werden.

Das heißt, wir wissen, jeder weiß von sich, ich bin heute ganz anders als gestern. Meine Seele ist heute ganz anders. In der Abstraktion bin ich derselbe Mensch. Aber die Art und Weise, wie ich mich erlebe, was in mir lebt, ist heute ganz anders. Und der andere muss das wahrnehmen. Sonst tritt er mit mir in Beziehung, so wie ich gestern war. Aber ich bin schon weg von dort. Ich bin heute ein anderer.

Dem anderen zuliebe ein Künstler der Beziehung zu sein, heißt, die Kraft, die innere Gelassenheit der Wahrnehmung zu pflegen. Ich möchte, dass mir entgegenkommt, wer du jetzt bist, so wie du bist: die Wahrheit deines Wesens, was in dir lebt. Ich möchte das hereinnehmen in mein Wesen.

Und die zweite Stufe ist nicht dazu da, um das zu beurteilen. Um ein Urteil darauf zu stülpen, du solltest anders sein, oder so ist es gut, oder so geht es nicht. Die zweite Stufe ist dazu da, um zu verstehen. Zu verstehen heißt, dass, wenn ich der andere wäre, wenn ich die Erziehung gehabt hätte, die der andere gehabt hat, wenn ich die Eltern gehabt hätte, die der andere gehabt hat, wenn ich die Umstände, die Umwelt gehabt hätte und so weiter, dann wäre ich wie der andere.

Verstehen heißt, zu verstehen, warum der andere so ist, wie er ist, ohne ein Urteil darüber zu fällen, dass es anders sein könnte oder sollte. Das ist niemals nötig. Denn jeder von uns meint das Recht zu haben, so zu sein, wie er ist. Und das stimmt auch! Denn jeder ist so, wie er ist – nicht anders.

Und wenn ich verstehe, wenn ich mich bemühe zu verstehen, als Künstler zu verstehen – das ist eine hohe Kunst –, den anderen wirklich zu verstehen, zu erfassen, zu erkennen, ins Bewusstsein zu holen, was da alles eine Rolle spielt, dann kann der Mensch den anderen nur bejahen, so wie er ist.

Denn jeder Mensch ist eine moralische Intuition eines großen menschheitlichen Wesens der Liebe, und jeder Mensch ist intuitiv erfasst worden, als eine einmalige Prägung des Menschseins. Und wenn irgendein Schöpfer diese moralische Intuition dieser Individualität, die mir gegenübersteht, gehabt hat, dann muss die Gottheit, oder wer auch immer, diese Individualität in dieser Prägung restlos liebevoll bejaht haben, um sie zu schaffen.

Zu lieben heißt, den Ort des anderen im übersinnlichen Leib der Menschheit zu sehen. Denn jeder von uns ist wie ein Glied, ein unentbehrliches Glied in diesem Menschheitsorganismus. Kein Mensch ist wie du! Und die Menschheit wäre nicht vollständig ohne dich, so wie du bist!

Denn natürlich gehört zu jedem Menschen, dass er sich bemüht, immer besser das zu werden, was er in seinem Wesen ist. Das ist das Ringen des niederen Ich, des noch ungeläuterten Ich, immer besser eins zu werden mit dem eigenen wahren Ich.

Aber mein Gegenüber, der Freund, derjenige, der aus den Kräften des Herzens mich liebt, ist dazu da, um mir zu zeigen, wie schön, wie unentbehrlich mein wahres Ich in der Menschheit ist. Er ist dazu da, um mir zu helfen, angesteckt zu werden von der Positivität, von der Güte, von der Schönheit meines echten wahren Wesens, sodass ich selber angesteckt werde von dieser Liebe und dahin komme, immer mehr das zu werden, was ich wirklich bin. Denn keiner von uns ist schon genug dasjenige, was er berufen ist zu werden.

Und wenn diese geistige Schau meines wahren Ich sich für mich verdunkelt, dann ist der Freund dazu da, um mir die Reinheit, die Schönheit und die Güte meines wahren Ich entgegenzubringen. Und die vierte Stufe – sie kommt dann von selbst – ist die Bemühung in den Kräften des Willens durch das Handeln sich gegenseitig zu helfen, immer besser, immer reiner das zu sein, was jeder berufen ist im Laufe der Entwicklung zu werden.

Und so möchte ich, liebe Anwesende, sagen – ich muss manche Dinge natürlich etwas aphoristisch einfach hinstellen, weil man in einer Stunde nicht alles begründen kann; die Aussprache ist dann dazu da, dass Sie das eine oder das andere ergänzen, oder wiederum da nachfragen. Ich meine, die große Sehnsucht, ich nenne sie die große Sehnsucht des heutigen Menschen, ist eine halbbewusste Sehnsucht in der Beziehung zwischen Mensch und Mensch, jetzt zunehmend nicht nur das sinnlich Wahrnehmbare zu erleben, nicht nur das im Bewusstsein zu haben, was die sinnlichen Augen sehen.

Die Ansprüche der Individualität, auch jeder Beziehung, sind so gestiegen – und das liegt in der Menschennatur –, dass dasjenige, was wir sinnlich wahrnehmen oder mit physischen Augen wahrnehmen, uns nicht mehr genügt, oder was wir sinnlich hören, uns nicht mehr genügt.

Ich sehe in der heutigen Menschheit – und ich hoffe, ich kann nur hoffen, dass Sie mit mir einverstanden sind –, eine halbbewusste, aber gewaltige Sehnsucht, auch zunehmend das wahrzunehmen und ins Bewusstsein zu holen, was übersinnlich geistig da webt und west zwischen zwei Menschen.

Denn dass irgendetwas da zwischen zwei Menschen nicht nur sinnlich wahrnehmbar ist, sondern webt und west, das dürfte uns einleuchten. Denn Hand aufs Herz, liebe Anwesende, wenn ich sage: «Zwei Menschen lieben sich», würden Sie sagen, dass es das gibt, die Liebe?

Ich hoffe, dass die meisten mindestens sagen: Ja, die Liebe ist etwas. Können Sie die Liebe fotografieren? Also die Liebe ist ein Übersinnliches, und trotzdem meinen wir, das ist etwas: genau dieses, gerade dieses, was nicht fotografiert werden kann, und trotzdem, weil der Mensch nicht nur ein Stück Materie ist, sondern weil der Mensch eine Realität, eine Welt der Seele und eine Welt des Geistes ist.

Jetzt wollen die Menschen so künstlerisch bewusst mit den Beziehungen umgehen, dass sie auch das Geistige, Übersinnliche ins Bewusstsein hereinnehmen möchten. Und da meine ich, wir sind nur am Anfang. Denn ich möchte unterstellen, dass das Geistige, dasjenige, was wir mit geistigen Augen sehen können, noch viel komplizierter ist als das sinnlich Wahrnehmbare. Denn das sinnlich Wahrnehmbare ist doch ziemlich starr in der Form, ziemlich monoton verglichen mit der unendlichen Vielfalt, mit dem unendlichen Schöpfertum und der Wendigkeit, und mit dem, was im Geistigen eben möglich ist. Seele und Geist sind schiere Unendlichkeit.

Dagegen hat das Physische eine gewisse Trägheit und Konstanz des Gegebenseins, auch der Gesetze. Deswegen nennen wir sie Naturgesetze. Sie haben sich so gesetzt, dass sie uns nicht jede halbe Stunde überraschen mit etwas anderem. Sie haben sich so gesetzt, dass wir sie berechenbar finden. Aber Berechenbarkeit heißt eine gewisse Unveränderlichkeit. Im Geistigen hat sich nichts gesetzt. Es ist alles sehr bunt, es ist alles immer schöpferisch. Da sind Überraschungen ohne Ende.

Und die Beziehungen wollen jetzt gerade aus der Monotonie des Sinnlichen, dessen, was sich immer gleich wiederholt, herauskommen und immer mehr das Künstlerische, die Überraschungen erleben. Sie haben vielleicht schon von einer italienischen Definition der Liebe gehört, wo es heißt, dass zu lieben heißt, tausendmal zu sagen: «Ich liebe dich», ohne sich zu wiederholen.

Eine Beziehung wird zur Kunst, wenn man tausendmal miteinander in Beziehung kommt, ohne sich zu wiederholen. Dann ist sie schön, dann ist sie gut. Und sich zu wiederholen braucht der Mensch niemals. Denn Menschsein ist Unerschöpflichkeit im Geist und in der Seele.

Also ich sehe – und ich kann das jetzt nur von mir aus so sagen, dass das meine Wahrnehmung der heutigen Menschheit ist – eine große Sehnsucht, eine halbbewusste Sehnsucht, nach Spiritualisierung der Beziehung. Und mit Spiritualisierung meine ich – was ich gesagt habe –, das unbedingt mit zu berücksichtigen und sich bewusst zu machen, was nicht sinnlich wahrnehmbar da west und webt: Wer bist du in mir? Wer bin ich in dir? Wie hast du vielleicht eine lange Zeit an mir gearbeitet? Wie habe ich vielleicht eine lange Zeit an dir gearbeitet?

Worte, die vom Osten kommen, ein Wort wie «Karma», was zunächst vielleicht im Westen von einigen Menschen und manchmal auch vielleicht nicht ganz unsektiererisch verwendet wurde, diese Worte werden in der Zukunft, stelle ich mir vor, eine solche Befreiung erleben, weil mehr und mehr Menschen ohne jedes Sektierertum aus ihrer Menschlichkeit, aus der Sehnsucht, das Künstlerische in den Beziehungen zu erleben, vermehrt und vertieft die Frage stellen werden: Was lebt da, woher kommt das, was da ist in einer Beziehung?

Und da möchte ich Ihnen oder mit Ihnen ein Gedicht Goethes lesen. Manche von Ihnen werden das vielleicht kennen, beziehungsweise Teile davon. Wir sind ja im Goethe-Jahr. Manchmal bin ich etwas erschrocken, was in diesem Land alles über Goethe gesagt wird, und manchmal noch mehr erschrocken, was über Goethe nicht gesagt wird. Aber das nur als persönliche Bemerkung. Es gibt ein Gedicht Goethes, in dem der Titel, der erste Vers heißt: «Warum gabst du uns die tiefen Blicke?» Und da redet Goethe von seiner Beziehung zu Charlotte von Stein.

Und der Gedanke ist, dass Goethe sich in seiner wunderbaren Art in Bildern und durch diesen künstlerischen, göttlichen Umgang mit der deutschen Sprache die Art und Weise vergegenwärtigt, wie unsere zwei Wesen sich entsprechen, die Art und Weise, wie alles bis in die letzte Einzelheit so geschaffen worden ist, dass wir füreinander geschaffen zu sein scheinen. Die Frage ist dann, woher kommt das? Und er sagt: Warum gabst Du uns die tiefen Blicke? Dieses Du ist das Schicksal, das Karma. Das meine ich.

Und Goethe ist wirklich ein Vorläufer der Entwicklung in seiner tiefen Sensibilität. Und ich kenne nur wenige Menschen, die eine gottgegebene, nicht so sehr philosophische, aber gottgegebene Schätzung des Übersinnlichen, des Geistigen gehabt haben wie Goethe. Denn bei Goethe spielt das Übersinnliche immer eine zentrale Rolle, was nicht alle in Deutschland wahrhaben möchten, weil die Konsequenzen vielleicht zu gewaltig sind. Er spricht das Schicksal an und fragt: Woher kommt das?

Und fast beneidet er die Menschen, die diese Frage noch nicht stellen, bei denen das Leben noch viel spontaner ist und die vielleicht so in den Tag hinein leben können. Aber wir, wir haben dieses Glück nicht mehr, weil wir die Frage stellen: Warum, oh Schicksal, hast du uns so geschaffen, dass wir gar nicht ohne einander sein können?

Und in der Mitte des Gedichts – wo ich immer sage, wir dürfen nicht denken, das ist nur poetische Freiheit oder so eine Floskel von Goethe, Goethe ist es immer ernst, also das steht nicht so ohne Weiteres da –, in der Mitte des Gedichts ruft er aus:

> Ach, du warst in abgelebten Zeiten
> Meine Schwester oder meine Frau;

Ich will nur sagen, ein Mensch heute – wir leben ja 200 Jahre nach Goethe –, der wirklich seine Menschlichkeit, der, ich will es so sagen, moralische Verantwortung dem Menschlichen gegenüber, der Gefährdetheit des Menschen gegenüber trägt, wird tiefer durch seine Betroffenheit. Auch durch seine Einsamkeit wird das Gemüt durch die Entbehrung der Menschlichkeit so vertieft, dass diese Fragen auftauchen, die Fragen des Mysteriums des Schicksals: Warum bist du so bedeutsam für mich? Warum bin ich so bedeutsam für dich? Was will dein höheres Ich von mir? Was will mein höheres Ich von dir? [Das Gedicht von Goethe wird vorgelesen:]

Warum gabst du uns die tiefen Blicke,
Unsre Zukunft ahndungsvoll zu schaun,
Unsrer Liebe, unserm Erdenglücke
Wähnend selig nimmer hinzutraun?
Warum gabst uns, Schicksal, die Gefühle,
Uns einander in das Herz zu sehn,
Um durch all' die seltenen Gewühle
Unser wahr Verhältnis auszuspähn?

Ach, so viele tausend Menschen kennen,
Dumpf sich treibend, kaum ihr eigen Herz,
Schweben zwecklos hin und her und rennen
Hoffnungslos in unversehnem Schmerz;
Jauchzen wieder, wenn der schnellen Freuden

Unerwart'te Morgenröte tagt.
Nur uns armen liebevollen beiden
Ist das wechselseit'ge Glück versagt,
Uns zu lieben, ohn' uns zu verstehen,
In dem andern sehn, was er nie war,

Das ist uns beiden nicht mehr gegönnt, uns zu lieben, ohne uns zu verstehen, ohne in dem anderen zu sehen, was er nie war.

Immer frisch auf Traumglück auszugehen
Und zu schwanken auch in Traumgefahr.

Glücklich, den ein leerer Traum beschäftigt!
Glücklich, dem die Ahndung eitel wär'!

Die Ahndung, die bei uns jetzt auftaucht.

Jede Gegenwart und jeder Blick bekräftigt
Traum und Ahndung leider uns noch mehr.
Sag', was will das Schicksal uns bereiten?
Sag', wie band es uns so rein genau?
Ach, du warst in abgelebten Zeiten
Meine Schwester oder meine Frau;

Kanntest jeden Zug in meinem Wesen,
Spähtest, wie die reinste Nerve klingt,
Konntest mich mit *einem* Blicke lesen,
Den so schwer ein sterblich Aug' durchdringt.

Sehen Sie, das sterbliche Auge sieht nur das Äußerliche. Aber das Auge deiner Liebe kann mich mit einem Blick durchdringen, weil das Übersinnliche, das Geistige, als Ertrag einer vielleicht langen Arbeit an beiden Wesen dasteht.

Konntest mich mit *einem* Blicke lesen,
Den so schwer ein sterblich Aug' durchdringt.
Tropftest Mäßigung dem heißen Blute,
Richtetest den wilden irren Lauf,
Und in deinen Engelsarmen ruhte
Die zerstörte Brust sich wieder auf;
Hieltest zauberleicht ihn angebunden
Und vergaukeltest ihm manchen Tag.
Welche Seligkeit glich jenen Wonnestunden,
Da er dankbar dir zu Füßen lag,
Fühlt' sein Herz an deinem Herzen schwellen,
Fühlte sich in deinem Auge gut,
Alle seine Sinnen sich erhellen
Und beruhigen sein brausend Blut.

Und von allem dem schwebt ein Erinnern
Nur noch um das ungewisse Herz,

Von all dem, von diesem Austausch der Kräfte, der so geheimnisvoll ist, schwebt nur noch ein Erinnern. Das ist die tiefe Sehnsucht, das, was dieses Erinnern erlebt, ins Bewusstsein zu bringen.

Und von allem dem schwebt ein Erinnern
Nur noch um das ungewisse Herz,
Fühlt die alte Wahrheit ewig gleich im Innern,
Und der neue Zustand wird ihm Schmerz.
Und wir scheinen uns nur halb beseelet,
Dämmernd ist um uns der hellste Tag.
Glücklich, daß das Schicksal, das uns quälet,
Uns doch nicht verändern mag.[2]

Dieses Quälen ist die Tatsache, dass man ohne einander gar nicht sein kann, aber man ist dankbar, dass man nicht ohne einander sein kann. Und dass das Schicksal nicht verändern kann die Tatsache, dass wir nicht ohne einander leben können.

Ich meine, liebe Anwesende, wie kann man noch künstlerischer, noch schöner diese tiefe, halbbewusste Sehnsucht, die der heutige Mensch erlebt, in Sprache, in die deutsche Sprache bringen. Gerade aus der Einsamkeit heraus die tiefe Sehnsucht, auch dasjenige, was nur geistig gesehen werden kann, wahrgenommen werden kann, was da webt und west zwischen zwei Menschen, ins Bewusstsein zu holen.

Denn, wenn das bewusster wird, dann fangen die großen Herausforderungen an – wenn zwei Menschen miteinander umgehen als Geist mit Geist, als ewiger Geist mit ewigem

---

2 s. *Goethes Werke,* Hamburger Ausgabe in 14 Bänden, Hrsg. E. Trunz, Band I, Gedichte und Epen I (München 1982), S. 122-3.

Geist, als Seele mit Seele. Die Aufmerksamkeit, die Wahrnehmung ist dazu da, um das höhere, ewige Ich des anderen wahrzunehmen.

Das Verstehen ist dazu da, um zu erfassen, dass du heruntergekommen bist auf die Erde mit einer ganz individuellen, einmaligen Lebensaufgabe. Du hast dir etwas vorgenommen, was kein anderer Mensch sich hätte vornehmen können, weil das deinem Wesen entsprechen soll und nicht einem anderen Wesen – und das zu erfassen, das Mysterium deines Karmas, deines Schicksals, das zu verstehen, woran du bist, was deine Aufgabe ist in der Menschheit, indem ich dieses Übersinnliche ins Bewusstsein hole.

Wie kann ich anders als das lieben, was ein Mensch auf den Flügeln der Engel noch vor der Geburt sich vorgenommen hat. Wenn er das geliebt hat als seine irdische Aufgabe, wie kann ich anders als das lieben, wenn ich das rein erfasse.

Und die Liebe ist dazu da, um zu sehen, wie jeder Mensch unentbehrlich ist, in der Leiblichkeit, in der übersinnlichen Leiblichkeit, im Organismus der Menschheit. Und die Liebe ist auch dazu da, um zu sehen, dass der andere für mich ganz unentbehrlich ist. Ich wäre ohne den anderen nur die Hälfte meiner selbst. Denn nur zusammen sind wir eine Einheit, eine Fülle!

Diese Kräfte des Wahrnehmens des übersinnlichen Wesens, der ewigen Entelechie, wie schon Aristoteles sagte, dieses Erfassen der Schicksalsaufgabe, dessen, was ein Mensch sich vorgenommen hat, das ist das Verstehen. Dieses Bejahen – nachdem das Bejahen geliebt wird in seiner Schönheit, kann der Mensch nur alles tun, was er kann, um das zu fördern und behilflich zu sein, dass dieses Kunstwerk nicht nur der Beziehung, sondern auch des Wesens des Handelns immer reiner hingestellt wird: zum künstlerischen Genießen des ganzen Menschen. Aus jeder Beziehung ein Kunstwerk zu machen, sodass jeder Mensch am anderen Menschen so wunderbar arbeitet, dass alle Menschen sich freuen, diese Kunstwerke sich anzuschauen.

Wenn wir uns jetzt etwas näher anschauen, was ich, wie soll ich sagen, als geistige übersinnliche Aura unterstellt habe, die in jeder Beziehung da ist, so würden wir sagen: Ja, das ist eine Welt von Gedanken, die hin und her gehen. Es werden Gedanken ausgetauscht. Eine Welt von Gefühlen, die weben und wesen hin und her. Und wiederum eine Welt von Willensimpulsen, die weben hin und her.

Und von dieser Dreiheit könnten wir jetzt ausgehen – ich habe nicht die Zeit, das in aller Ausführlichkeit zu schildern, ich will es nur andeuten. Die Welt der Gedanken, der Austausch der Gedanken ist dazu da, um herauszufinden: Wer bist du? Dies ins Bewusstsein zu holen, dient der Frage: Wer bist du in mir? Warum bist du mir so sympathisch? Warum bist du mir so antipathisch?

Und die Antipathie ist nicht weniger eine dankbare Aufgabe der Beziehung wie die Sympathie. Nur ist es so, dass man in einer Beziehung der Antipathie etwas mehr zu tun hat. Das ist doch viel besser! Warum soll weniger zu tun haben besser sein?

Und wie ist die alte unkünstlerische Art, Gedanken miteinander auszutauschen? Das Phänomen ist so, dass, wenn wir bei diesem Unkünstlerischen, Alten, Spontanen verbleiben, dass, wenn ein Mensch Gedanken äußert, die normale, spontane Bemühung ist, den anderen davon zu überzeugen.

Und gerade dieses Unkünstlerische treibt uns in die Einsamkeit. Denn wenn der andere mich von der Richtigkeit seines Gesichtspunktes oder seiner Gedanken überzeugen möchte, was unterstellt er? Dass meine Gedanken, wenn sie anders sind, nicht richtig sind.

Zur Kunst wird die Beziehung im Austausch der Gedanken, wenn beide Künstler sich vergegenwärtigen, dass alle Gesichtspunkte nicht nur gerechtfertigt, sondern richtig sind. Denn die Wirklichkeit ist unerschöpflich. Und der Standpunkt, den ein Mensch hat, ist nicht eine theoretische Wahrheit – jeder Mensch ist sein Standpunkt, denn da steht er –, wenn wir davon ausgehen, als Künstler der Beziehung, dass alle Blickwinkel, alle Gesichtspunkte, alle Standpunkte genauso berechtigt, gleichberechtigt sind, weil die Wirklichkeit unerschöpflich ist.

Ein Riesenbaum kann von den verschiedensten Seiten fotografiert oder angeschaut werden. Und wenn ich zwei Bilder von verschiedenen Standpunkten aus habe, dann sind diese zwei Bilder total unterschiedlich. Sind sie ein Gegensatz? Sind sie ein Widerspruch? Nein, sie widersprechen sich nicht, weil sie beide zum Baum dazugehören.

Wenn wir davon ausgehen, dass alle Gesichtspunkte Menschen sind, nicht nur Theorien, dann sage ich mir in der Beziehung, als Künstler der Beziehung: Dein Gesichtspunkt bist du. Und ich brauche niemals davon überzeugt zu werden. Ich brauche dir nur näherzukommen. Und indem ich dir nah bin, kann ich den Baum genauso sehen, wie du ihn siehst.

Es geht niemals darum, dem anderen recht zu geben. Das ist unkünstlerisch in den Beziehungen. Es geht immer darum, dem anderen gerecht zu werden. Und das ist etwas anderes. Keiner von uns möchte, dass der andere mir recht gibt. Denn ich kann recht haben, er kann recht haben. Alle haben recht.

Aber ich werde dem anderen nur dann gerecht, wenn ich versuche, mich hineinzuversetzen in seine Art, die Welt zu sehen, sodass ich die Welt von seinem Gesichtspunkt sehe. Dann habe ich ihn verstanden. Wenn ich mich in dich hineinversetze, dann sieht die Welt ganz genau so aus. Und da braucht man nicht mehr zu streiten, wer recht hat. Denn jeder hat das Recht so zu sein, wie er ist.

Und das Zweite ist die Folge der ganz neuen Art, mit Gedanken umzugehen, dass Gedanken die Bekundung des Gesichtspunktes, des Standpunktes des anderen sind.

Mit Gefühlen ist es dann ein Ähnliches, was geschieht. Es entsteht echtes Mitgefühl. Das ist ein wunderbares deutsches Wort. Die Bemühung, mit dem anderen zu fühlen: wenn die Bemühung da ist, das Gefühl des anderen selber zu fühlen, die Runzeln des anderen selber zu erleben, das Leid des anderen selber zu erleben.

Ich habe einige Menschen in meinem Leben kennengelernt, die Genies der Liebe waren. Aber sie waren nur Genies der Liebe durch diese Kraft, durch diese künstlerische Kraft, mit den Kräften des Gemüts sich in den anderen zu versetzen. Und sie haben Trauer empfunden, wenn der andere traurig war, sie liebten, wo der andere gelitten hat, aus der Kraft des Mitgefühls.

Meine Gefühle dir gegenüber als Künstler sind nicht dazu da, um verdrängt zu werden, sind auch nicht dazu da, um unbeherrscht einfach auszuufern, sondern die Gefühle sind dazu da, um zu erkennen, wie ich zu dir stehe, wie du zu mir stehst.

Wenn du mir so absolut antipathisch bist, ja, was habe ich an dir verbrochen in vergangenen Zeiten, dass du mir jetzt diese kräftige Aufgabe stellen willst? Da muss etwas gewesen sein. Schön, dass du das nicht verschleierst und so machst, als ob nichts zu tun wäre. Schön, dass du mir eine tüchtige Antipathie entgegenbringst, sodass ich merke, da ist etwas zu tun.

Selbst das Gefühl wird zum künstlerischen Instrument für das Erfassen der Qualität, der Aufgabe einer Beziehung. Zum Beispiel, wenn ein Mensch ganz depressiv wird, ist die Frage nicht nur, warum ist er so depressiv, sondern die andere Frage ist, warum habe ich mit diesem Menschen zu tun und nicht jemand anderer. Wenn es in meinem Schicksal liegt, diesen Menschen zu begleiten, muss ich mit dieser Depression zu tun haben.

Und einen Menschen, der depressiv ist, in der Liebe zu begleiten, gehört zu den höchsten Künsten, die es gibt. Da kann man sehr zum Künstler werden, denn man muss sehr einfallsreich werden, um immer zu wissen, was man tun kann. Aber es geht darum, nicht zu verurteilen, nicht zu beurteilen, sondern sich zu fragen, was will das höhere Ich, dein höheres Ich von mir? Und was hat sich mein höheres Ich vorgenommen in der Begleitung deiner Depression?

Und ich bin davon überzeugt, wenn Menschen, die depressiv sind, oder eine Depression durchmachen, wenn sie von diesem Künstlertum der Liebe begleitet wären, würden sie viel schneller aus der Depression herauskommen. Denn die Depression währt länger, wenn keine Kunst vorhanden ist in den Beziehungen, keine Beschwingtheit, keine Liebe. Und da verstärkt sich natürlich die Einsamkeit.

Und in den Willensimpulsen: Wenn diese Würdigung des ewigen Ich, des Menschen als Geist, als ewiger Geist, der herunterkommt auf die Erde, wissend, was er zu tun hat, wenn diese Würdigung da ist in den Willensimpulsen, geht es immer darum, den anderen leben zu lassen. Ich bin davon überzeugt, wir machen unsere Beziehungen fast immer kaputt, weil wir uns gegenseitig verwalten wollen. Das habe ich auch vorhin gesagt.

Die Kunst ist, sich gegenseitig atmen und leben zu lassen. Freund, was du zu tun hast, musst du wissen. Das ist deine Sache. Und was du auch tust, bist du mir recht, denn ich komme zurecht, dadurch, dass ich dir gerecht werde, oder mich bemühe, dir ständig gerecht zu werden.

Und wenn das so ist, dann merken wir, wenn wir den anderen leben lassen, dass in unseren Beziehungen alles Äußerliche, der Beruf, die Zuständigkeit und die Sache, die Institutionen und so weiter, alles für das Individuum eine Bedingung, eine Grundlage ist.

Ich kann ein Lehrer sein, ich kann eine Mutter sein, aber wenn wir Künstler der Beziehungen sind, gilt der Satz Goethes: «Das *Was* bedenke, mehr bedenke *Wie?*» (*Faust,* 2. Teil, Laboratorium). Dass ein Mensch ein Lehrer ist, das will noch nichts besagen. Interessant ist nur, wie er Lehrer ist, denn das soll einmalig sein. Denn wenn er Lehrer ist wie viele andere, ist er noch kein Ich, ist er noch keine Individualität.

Also, Sie sehen, dass dasjenige, was wir gemeinsam haben, was da notwendig ist als Verkehrsregel zum Beispiel, das muss alles sein. Nur, wir übertreiben, oder die Rahmenbedingungen schießen ins Maßlose, wenn das andere, das Eigentliche versäumt wird. Denn alles Gemeinsame sollte für das Individuum da sein, als Grundlage, um dann das Eigentliche, Eigene zu erleben, und das ist das Einmalige der Individualität.

Eine Schule, ein Programm ist dazu da, dass es beachtet wird, sodass ich Lehrer sein kann. Aber mein Künstlertum als Lehrer erlebe ich in der Art und Weise, wie ich Lehrer bin. Und kein anderer Mensch kann so Lehrer sein wie ich, sonst wäre er ich.

Und die Kunst der Beziehungen besteht darin, uns so viel Freiheit, so viel Freiraum und so viel Großzügigkeit des Gemüts entgegenzubringen, dass jedem die Möglichkeit und auch der Raum und der Atem gegönnt wird, alles Mögliche auszuprobieren, um herauszufinden, wer er ist – auf ganz einmalige Weise.

Ich sehe zu viel Einschüchterung des Individuums in unserer Gesellschaft. Wir werden von allen Seiten eingeschnürt. Wie können unsere Beziehungen gesund sein, wenn wir nicht diese Kunst des Befreiens üben? Du darfst! Ein Maler weiß doch nicht, wie das Gemälde wird, wie das Bild wird. Er probiert. Jedes Kunstwerk ist ein Probieren. Und man wird immer besser.

Entweder hat man Vertrauen in die Urkraft des Menschen, oder man hat kein Vertrauen. Die Kunst der Menschenbeziehung ist die Kraft des unverwüstlichen Vertrauens in die Menschennatur. Denn jede Menschennatur und jeder Mensch ist unerschöpflich in den Kräften des Guten. Und das Problem ist niemals, dass diese Kräfte nicht vorhanden sind. Das Problem ist, dass wir sie ersticken lassen oder unterbinden durch alle möglichen Dinge, die wir da tun, sodass der Mensch nicht genügend atmen kann.

Wie kann ich dir helfen – das ist die Frage der Kunst –, dass du immer reiner erfasst, was dein höheres Ich will und dass du immer mehr Freiraum bekommst, um das auszuprobieren und zu tun und zu sein, was du wirklich bist.

Und ich bringe, liebe Anwesende, meine Gedanken zu Ende, nochmals mit Goethe. Es ist ein Stück aus *Dichtung und Wahrheit,* das manche von Ihnen kennen.

Nochmals eine Beziehung zu einer Frau – Sie wissen ja, dass Goethe sich schwer getan hat mit seiner Unfähigkeit als Künstler irgendeine Beziehung bürgerlich, brav und geordnet zu Ende zu führen, weil er so ein Künstler war. Das behagt natürlich denen nicht, die alles so schön in Ordnung haben. Aber deswegen war ja Goethe ein viel größerer Künstler, weil er mehr gerungen hat mit den Beziehungen, mehr gerungen hat mit der Fantasie, mit dem Unerschöpflichen.

Und hier schildert er in *Dichtung und Wahrheit* – Sie wissen ja, in *Dichtung und Wahrheit* ergreift er die Gelegenheit als alter Mensch, als weiser Mensch, einiges nachzuholen, was er im Laufe des Lebens nicht hat vollbringen können, es ist ja vieles Torso geblieben –, und er schildert jetzt diese Beziehung zu einer Pfarrerstochter, Friederike Brion hieß sie, und wie diese Beziehung, sie war in Sesenheim, zu Ende kommt, wie Goethe sich schwer tut, wie ihm das wehtut, dass auch diese innige Beziehung zu Ende kommt.

Und er schildert, wie er jetzt reitet, weg von diesem Haus, und er fügt ein paar Sätze hinzu, wo er sich schützt vor künftigen Germanisten. Das werden Sie noch sehen. (Lachen) Aber er schildert, wie er in einer realen geistigen Vision den Goethe auf einem Pferd entgegenreiten sieht. Er sieht genau, wie er gekleidet ist, aber in die entgegengesetzte Richtung reitet. Und dann verschwindet diese Vision, diese Ahndung, wie er sie dann nennt. Aber es ist eine reale, er spricht vom geistigen Auge, dass er das gesehen hat.

Und er hat gesehen, wie er gekleidet war. Und er schildert, dass acht Jahre später «zufällig», ohne dass er daran gedacht hat, sich nochmals eine Gelegenheit ergab, diesem Menschen, mit dem er so viel gerungen hat – wo die Unterstellung ist, dass eine Beziehung, die besteht, ewig besteht –, zu begegnen. Die Entfernung kann nur physisch, äußerlich sein, aber zwei Geister oder zwei Seelen können sich niemals untreu werden. Das gibt es nicht.

Wo zwei Menschen schicksalsmäßig ineinander weben, können sie nie mehr auseinandergehen, denn die Richtung der Entwicklung ist die restlose Wiedereingliederung aller Menschen ineinander. Das Christentum nennt das das Entstehen eines geistigen Organismus, eines geistigen Leibes. Kein Mensch fällt aus dem Weben und Wesen in meinem Wesen. Es kommen immer nur Menschen herein.

Und Goethe als Künstler, als höchster Künstler, in seiner Empfindlichkeit, in seiner Empfindsamkeit diesem Mysterium gegenüber, er ringt so gewaltig mit der Frage des Karmas, mit der Frage des Schicksals: Kann es sein, dass das zu Ende kommt?, dass übersinnlich die Kräfte, die ihn mit viel Liebe ewig binden, diese Kräfte, die so real sind, eine Vision entstehen lassen, in der Art und Weise wie ein Mensch ewig in Beziehung zu mir bleibt.

> «In solchem Drang und Verwirrung konnte ich doch nicht unterlassen, Friederiken noch einmal zu sehen. Es waren peinliche Tage.»

Das finden Sie im 3. Teil im 11. Buch von *Dichtung und Wahrheit,* wenn Sie das nachlesen möchten.

> «Friederiken noch einmal zu sehen. Es waren peinliche Tage, deren Erinnerung mir nicht geblieben ist. Als ich ihr die Hand noch vom Pferde reichte, standen ihr die Tränen in den Augen, und mir war sehr übel zu Mute.

> Nun ritt ich auf dem Fußpfade gegen Drusenheim, und da überfiel mich eine der sonderbarsten Ahndungen. Ich sah nämlich, nicht mit den Augen des Leibes, sondern des Geistes, mich mir selbst, denselben Weg, zu Pferde wieder entgegen kommen, und zwar in einem Kleide, wie ich es nie getragen: es war hechtgrau mit etwas Gold. Sobald ich mich aus diesem Traum aufschüttelte,»

– das ist der Schutz vor den Germanisten –

> «aus diesem Traum aufschüttelte, war die Gestalt ganz hinweg. Sonderbar ist es jedoch, daß ich nach acht Jahren, in dem Kleide, das mir geträumt hatte, und das ich nicht aus Wahl, sondern aus Zufall gerade trug, mich auf demselben Wege fand, um Friederiken noch einmal zu besuchen. Es mag sich übrigens mit diesen Dingen wie es will verhalten, das wunderliche Trugbild gab mir in jenen Augenblicken des Scheidens einige Beruhigung. Der Schmerz, das herrliche Elsaß, mit allem, was ich darin erworben, auf immer zu verlassen, war gemildert, und ich fand mich, dem Taumel des Lebewohls endlich entflohn, auf einer friedlichen und erheiternden Reise so ziemlich wieder.»[3]

---

3 s. *Goethes Werke,* Hamburger Ausgabe in 14 Bänden, Hrsg. E. Trunz, Band IX, Autobiographische Schriften I (München 1982), *Aus meinem Leben, Dichtung und Wahrheit,* Dritter Teil, 11. Buch, S. 500.

Der heutige Mensch als Künstler der Beziehungen erlebt in sich die Sehnsucht, nicht nur dasjenige ins Bewusstsein zu holen, was sinnlich wahrnehmbar ist, sondern als Geist – der Mensch als Geist, als Ich, der Mensch als Seele –, der Mensch mit Herz möchte zunehmend auch dasjenige ins Bewusstsein holen, was nur mit den Augen des Geistes gesehen werden kann.

Und je mehr der Mensch das tut, liebe Anwesende, je mehr wird er staunen, was für ein Kunstwerk jede Beziehung ist, welche Künstler jahrtausendelang daran gearbeitet haben, mit der Aufgabe, von jetzt an, bewusst als Künstler daran zu arbeiten, sodass aus zwei Wesen ein Wesen wird. Sodass aus vielen Wesen ein Wesen wird, ohne dass der Mensch seine Innerlichkeit, seine Individualität verliert. Und die Kunst aller Künste ist die Liebe.

Machen wir eine kurze Pause, anderthalb italienische Minuten, und dann kommen Sie zu Wort!

Fragenbeantwortung

Pietro Archiati: Hat sich jemand etwas überlegt? Sie müssen die Hand sehr … dass ich keinen übersehe. Oder jemand hilft mir, mich aufmerksam zu machen, wer etwas sagen möchte. Bitte sehr.

Teilnehmer: Wenn die Betonung auf «möchten» liegt, das möchte vielleicht jeder gerne, aber es besser zu sagen, als Sie es gesagt haben, ist ganz schön schwer. Ich glaube, ich muss noch sehr darüber nachdenken, was Sie alles heute Abend gesagt haben. Also es hat mich sehr bewegt und hat mir auch wieder Hoffnung gemacht.

Teiln.: Herr Archiati, Sie sprachen davon, dass die Frau mehr leidet in einer Beziehung als der Mann.

P. Archiati: Das war so schnell in Klammern gesagt, aber das hat sie sich gemerkt. (Lachen)

Teiln.: Und woran liegt das, dass die Frau vielleicht beziehungsfähiger ist?

P. Archiati: Na, na, es sind auch Männer dabei. (Lachen)

Teiln.: Ich glaube, dass die Frau auch besser alleine leben kann als der Mann, aber sie will mehr von der Beziehung ...

P. Archiati: Ja. (Lachen) Ich habe nicht alles gesagt, was ich zu sagen hatte … Wollen wir einer Frau das Wort geben. Haben Sie eine Löwenstimme? Sie wollen was sagen. Knüpfen Sie daran an? Nicht unbedingt. Also da müssen wir jetzt bleiben. Wer möchte dazu, dass die Frauen sich da möglicherweise etwas schwer tun, etwas sagen? Es muss nicht eine Frau sein, es muss nicht ein Mann sein. Bitte.

Teiln.: Ich möchte zu dem eben Gesagten, also wenn Sie darauf so pochen, möchte ich gerne etwas sagen. Ich habe sehr spontan gesagt, ich habe einfach in mich reingemurmelt, das ist jetzt die alte Schiene. Was da eben gesagt wurde, ist die alte Schiene. Mehr kann ich jetzt auch nicht dazu sagen. Einfach nur die Bitte, diese Denkweise aufzulösen.

P. Archiati: Also Sie meinen jetzt Schablonen «Mann» und «Frau».

Teiln.: Ja, das war wie früher eigentlich. Das war ein Satz wie vor Ihrem Vortrag.

P. Archiati: Deswegen habe ich dafür eine kleine Klammer. In meinem Vortrag war das nur eine kleine Klammer. Insgesamt habe ich den Eindruck, und ich habe auch hinzugefügt, das darf man nicht zu hart pressen, dass vielleicht die weibliche Seite da etwas mehr ringt. Aber ich bin bereit das zurückzunehmen, wenn das zu sehr nach Schublade riecht. Bitte.

Teiln.: Ich denke, dass das mit der Sozialisation zusammenhängt und dass bei uns die Kinder, also die Förderung von Eigenschaften doch sehr unterschiedlich erfolgen, wie Buben gefördert werden und wie Mädchen gefördert werden. Und damit zusammenhängend ist auch später die Beziehungsfähigkeit oder der größere oder kleinere Reichtum an Möglichkeit, Beziehungen aufzubauen.

P. Archiati: Sie sind noch nicht zu Wort gekommen. Möchten Sie zu dem etwas sagen?

Teiln.: Ich denke, Sie haben mehr im Allgemeinen über das Phänomen Mensch gesprochen. Ich habe die Vermutung, dass das Absicht war. Und ich fand das sehr gut. Denn es kommt auf den Menschen an, und zunächst mal, dass er weiterkommt, egal ob Mann oder Frau. Und in dem Sinne sah ich Ihre Ausführungen, dank Ihnen.

P. Archiati: Es war so, dass jetzt durch diese Anregung eben die Frage Mann-Frau plötzlich etwas in den Vordergrund gerückt wurde. In meinem Vortrag ging es um den Menschen schlechthin. Sie sind jetzt dran.

Teiln.: Sie führten an, man muss dem Menschen Freiraum lassen, und man muss ihn in Ruhe lassen. Er kommt dann sofort wieder und dann möchte er wieder eine Beziehung haben. Aber besteht nicht die Gefahr einer Entfremdung, wenn das In-Ruhe-Lassen zu lange dauert?

P. Archiati: Das ist eine gute Frage. Also Sie korrigieren mich, wenn ich falsch übersetze. Ihre Vermutung, dass die Gefahr genauso sein könnte, dass man einen Menschen zu sehr in Ruhe lässt. Ich habe die Wendung gebraucht: «atmen lassen» – nicht nur physisch. Dass diese Möglichkeit vorhanden ist, das möchte ich nicht bestreiten, natürlich.

Nur jetzt frage ich Sie, ohne persönlich werden zu wollen. Würden Sie sagen, dass Ihnen gegenüber eher gesündigt worden ist, weil man Ihnen zu viel Freiraum gegeben hat, oder umgekehrt? Ah, ah! Doch umgekehrt! Das hat mich jetzt interessiert. Und warum unterstellen Sie, dass es für die anderen umgekehrt ist? Sehen Sie, es ist nur die Angst, dass der andere dann nicht so sein wird, wie ich ihn haben möchte.

Das ist auch in Ordnung, dass wir Erwartungen haben. Nur wollen sie jetzt bewusst gemacht werden. Und es ist nicht, dass wir merken, wie viel da nicht stimmt in den Beziehungen in dem Maße, indem wir Erwartungen haben. Mein Gedanke war, ein Mensch – da ringe ich um Worte, aber man muss es richtig verstehen, denn ich habe nicht gesagt, der in Ruhe gelassen wird, es ist nur eine Wendung –, ein Mensch, der sich innerlich frei entfalten kann, kann nur seine Urgüte zeigen.

Das war mein Kerngedanke, weil jeder Mensch in seiner Natur gut ist. Das heißt, wir haben nicht genügend die Möglichkeit, wirklich rein zu sein, weil wir immer Erwartungen entsprechen wollen. Der will das von mir, der will das von mir. Die Lehrerin will das von mir oder die Mutti will das von mir und die Gesellschaft und die Kirche will das von mir, der Staat will das von mir, die Firma und so weiter. Alle wollen etwas von mir! Nur ich nicht.

Teiln.: Finden Sie die Ehe eine gute Erfindung für Beziehungen, so wie Sie es geschildert haben, zum Üben? (Gemurmel, Lachen)

P. Archiati: Jetzt wird es schwierig, jetzt wird es schwierig. Darf ich passen, wer möchte antworten? (Lachen) Gute Frage, wichtige Frage. Es ist auch schwierig mit Schlagsätzen dazu etwas zu sagen. Aber wir können es als Denkanregung versuchen. Soll ich? Möchten Sie?

Teiln.: Das ist wirklich ein heißes Eisen. Aber ich denke, dass die Familie oder die Ehe etwas wie so eine Ur-, eine Kleinstform auch von Kommunismus ist, also von gegenseitig den anderen sehen und berücksichtigen. Also es kann ein Übungsweg sein, der günstigere Voraussetzungen gibt als das, was mit unserer Zeit im Moment zu tun hat, die dem Individualismus ... Ja, es ist sehr schwierig.

P. Archiati: Sie redet eine ganze Zeit, um zu sagen, es ist sehr schwierig. Schön, was Sie gesagt haben. Darf ich etwas ganz Ausgefallenes darüber sagen? Es ist nicht ausgefallen, es ist meinerseits sehr wohl überlegt. Eine Ehe ist eine Beziehung zwischen zwei Menschen, wo die Allgemeinheit, die Gesellschaft meint, ein Wort dazu sagen zu müssen. Das ist eine Ehe. Denn solange die Allgemeinheit sich nicht genötigt fühlt, eine Aussage über eine Beziehung zu machen, ist das Privatsache. Und wir haben zu viel zu öffentlichen Angelegenheiten gemacht, was nur privat ist.

Und wann hat die Gesellschaft, die Gemeinschaft nicht nur das Recht, sondern sogar die Pflicht einzugreifen und mitzubestimmen, wie eine Beziehung sein soll zwischen Mann und Frau? Nur in dem Fall, in dem man voraussichtlich – hundertprozentig kann man das niemals wissen –, wenn die Absicht da ist, die Grundlage zu schaffen für noch nicht Geborene. Die Rechte der noch nicht Geborenen sind Sache der Justiz, weil die noch nicht Geborenen ihre Rechte noch nicht zur Geltung bringen können. Nur das ist unsere gemeinsame Angelegenheit.

Wenn die zwei deklarieren, dass sie die Absicht haben – und eine Beziehung sieht ganz anders aus, ob es dazu kommt oder ob es nicht dazu kommt –, aber in dem Maße, in dem sie sagen, wir beabsichtigen die Grundlage zu schaffen für Menschen, die sich inkarnieren, ist diese Tatsache keine private Tatsache. Sie ist eine Tatsache, die uns alle angeht. Und wir müssen Vereinbarungen treffen, wie wir vom Recht her, von der Rechtsseite her mit den Rechten der Geborenwerdenden umgehen.

Ist diese Dimension nicht vorhanden, ist jede Beziehung Privatsache. Das geht nur die zwei etwas an. Und wie sie ihre Beziehung gestalten, ist ihre Sache. Und ich bin der Meinung, die Kirche und nicht nur der Staat hat da weitgehend unberechtigte Macht ausgeübt über die Beziehung. Vielleicht um Ordnung zu haben. Ordnung kann gut sein, liebe Anwesende, Freiheit ist besser! (Gemurmel, Lachen)

Und ich meine, dasjenige, was aus einer Beziehung eine Ehe macht, ist der Bezug zur Ungeheuerlichkeit, zum ungeheuerlich Treibenden der Inkarnation. Denn das ist eine ganz andere Beziehung. Da kommen ganz andere Dinge da hinein. Wo es nicht mehr privat ist, dass sie die Beziehung anknüpfen und wieder rückgängig machen können, wie sie wollen. Haben sie das Recht dazu ihren Kindern gegenüber?

Und ich meine, eine reifere Menschheit wird – ich nenne sie jetzt Rechte der Ungeborenen, aber das ist der Wille eines ewigen Ich, das ja eine Absicht, eine Inkarnationsabsicht hat –, die Rechte der Ungeborenen wahren. Wenn ein Mensch vorhat, bei diesen zwei Menschen sich zu inkarnieren, sind diese drei Menschen zueinander in einer solchen gewaltigen karmischen Beziehung, wenn man das so sagen kann, dass daraus nicht etwas

Willkürliches gemacht werden darf. Nur dürfte es nicht ein Sollen sein. Es müsste aus der Einsicht so getan werden.

In anderen Worten, eine Ehe-Beziehung ist niemals eine Beziehung zu zweit, mindestens zu dritt, oder sie ist keine Ehe. Und warum soll sie es auch sein, denn eine Beziehung zwischen zwei Menschen ist ja wunderbar. Jetzt ohne Kinder, frage ich Sie, ohne Kinder, was wird hinzugefügt dadurch, dass eine Ehe daraus gemacht wird? Ich wiederhole die Frage: Nehmen wir an, nehmen Sie diesen Fall, sie haben nicht vor, Kinder zu zeugen, und es kommen auch keine Kinder, gemeinsame Kinder, meine Frage ist – vielleicht möchte der eine oder andere antworten –, wie wird die Beziehung anders gemacht dadurch, dass eine Ehe daraus gemacht wird? Bitte.

Teiln.: Eine Verpflichtung wird daraus.

P. Archiati: Ist das besser?

Teiln.: Nicht besser, aber es wird leider daraus. Und eine Steuer ...

P. Archiati: Und welche Treue ist besser? Eine Treue aus dem Wollen oder eine Treue aus dem Sollen? Aus dem Wollen!

Teiln.: Besser aus dem Sollen als gar nicht. (Lachen)

P. Archiati: Ich danke Ihnen, das ist ein wunderbarer Beitrag gewesen. Jetzt kommt der Rückschlag ... passen Sie auf! Gehe ich recht in der Annahme, wenn ich vermute, dass Sie nicht an sich gedacht haben, sondern an Ihre Partnerin? Das heißt, das Sollen soll für den anderen gelten, nicht für Sie. An wen haben Sie gedacht?

Teiln.: An die Gesellschaft.

P. Archiati: Aha, nicht an sich. Wäre eine Beziehung aus dem Sollen für Sie, dass Sie das sollen, besser, als dass Sie das wollen?

Ah, jetzt sind Sie nicht mehr so sicher. Man meint immer, der andere soll bitteschön. Wenn er nicht will, dann soll er sollen. (Lachen) Also jetzt wird es richtig spannend, nur müssen wir … noch eine italienische Minute, mal sehen, wie lange das ist. Wer war dran? Ladies first.

Teiln.: Also Sie haben sehr ergiebig gesprochen über diese fantasievolle Liebe, die es gibt. Und ich muss sagen, wenn ich mir das anschaue, was ich so in meiner Umwelt erlebe, dann ist sie auch ganz, ganz wichtig, weil ich nämlich ganz viel traurige Sachen auch sehe, wo sehr viel Schlimmes passiert. Also, sowohl das Fehlverhalten von Erwachsenen, als auch Kinder, die viel zu kurz kommen. Und mir geht es jetzt darum, wenn jetzt ein Mensch einen falschen Weg geht und ich bin irgendwie davon betroffen, dann hängt es ja auch mit mir zusammen. Das haben wir schon festgestellt. Also die Theorie ist wunderbar und die Praxis ist eben doch ein sehr, sehr täglicher Freiheits- und Liebesweg.

P. Archiati: Ja, mit diesem Weisheitswort können wir getrost nach Hause gehen. Unbedingt, also jetzt, jetzt kommt der Ball schon wieder zurück. Also Sie genießen auch das Tennisspielen.

Teiln.: Ich warte darauf, dass alle Betonung auf der ehelichen Beziehung liegt und nicht auf dem Allgemeinen, was Sie ja an und für sich zum Thema des Abends gemacht haben, beziehungsweise machen, vielleicht liegt es daran, weil ich Lehrer bin, habe ich mich direkt angesprochen gefühlt von Ihnen. Ich habe natürlich notiert: «Herkömmlicher Gedankenaustausch zielt darauf, den anderen zu überzeugen, aber alle Standpunkte sind laut Archiati gleichberechtigt.» Führen Sie da nicht das Wort für einen totalen Relativismus, der jeglichen Standpunkt akzeptiert, oder mir immer den Schwarzen Peter zuspielt? Ich muss das akzeptieren und muss ja aus Liebe, aus künstlerischer Beziehungsarbeit das hinnehmen. Bin nicht immer ich der Gelackmeierte und der andere ist immer in der feinen Position, dass er recht hat, dass ich Mitleid haben muss, dass er Verständnis haben muss, aber ich bin nicht irgendwann wie er. Oder muss ich nur hoffen, dass der andere Gott sei dank auch im Archiati-Vortrag hockt? (Lachen)

P. Archiati: Das ist aber ein guter Tennisspieler! Ein Glück, dass das wieder zurückkommen muss, sodass ich ein bisschen Zeit habe, mir zu überlegen, wie der Ball zu ihm zurückkommt. Ja, Sie haben bis zuletzt gewartet, sodass Sie ja nicht riskieren, mir genügend Zeit zu geben, das gründlich zu beantworten.

Also im Zweifelsfall muss man immer zwei Extreme aufzeigen, und dann schauen, dass die Kunst darin besteht, immer ein Gleichgewicht zu finden zwischen zwei Extremen. Das eine Extrem wäre Relativismus, indem man abstrakt sagt: Jeder hat recht. Und ich habe gesagt, das stimmt nicht, dass jeder recht hat. Ich habe gesagt, es wäre schön, wenn wir jedem gerecht werden.

Das andere Extrem, Sie können das nennen: extremer Relativismus, extremer Fanatismus, Dogmatismus. Dies ist die Wahrheit, und jeder andere, der dies nicht erkennt, ist dumm. Warum würden Sie sagen, natürlich haben Sie jetzt sehr extrem geschildert, dass keines von beiden in Ordnung ist? Weil das Miteinander mit keinem von beiden gut geht.

Mit dem extremen Relativismus haben Sie uns gezeigt, wie das alles auseinandergeht. Keine Zuständigkeit. Mit dem extremen Fanatismus auch nicht, weil nur eine gegenseitige Verurteilung immer wieder entsteht.

Wo ist die Mitte? Ist es fifty-fifty? Nein, nein, denn beide sind ja falsch. Ich kann nicht fifty-fifty haben, dann habe ich beide Falschheiten. Die Mitte ist die Kraft der Liebe, dass ich den Gesichtspunkt des anderen erkenne, dass ich aufhöre, das als Theorie zu sehen, sondern den Menschen dahinter sehe. Und ich interessiere mich für den Menschen. Und jeder Mensch hat das Recht so zu sein, auch in seinen Gedanken, wie er ist.

In anderen Worten, wir kommen weg von einem abstrakten Begriff der Wahrheit, die es nicht gibt – Relativismus – oder die jemand gepachtet hat und nur dem anderen verkaufen muss. Vom Abstrakten der Wahrheit kommen wir weg, weil das die Beziehung zerstört, und wir kommen zurück zur Wirklichkeit. Und was ist die Wirklichkeit? Sie, so wie Sie sind. Das ist ein Stück Wirklichkeit, oder sind Sie Luft?

Und ob ein Mensch zu Ihnen so in Beziehung kommen kann, dass er nicht Ihren Gedanken als abstrakte Äußerung der Wahrheit recht geben muss, sondern dass er Ihrem Wesen gerecht wird, in dem Sinne, dass ich das bejahe, was da ist, was auch immer es ist, darum geht es. Und das wollen wir erleben in der Beziehung.

Aber Sie sehen, es ist die Kraft des Gleichgewichts, die beide Extreme vermeidet. Und wer hat Interesse am Wahrheitsrelativismus? Die Macht! Denn, wenn es keine objektive Wahrheit gibt, gibt es nur die Macht. [Ende der Tonbandaufnahme]

Das Gottesurteil in Gottfrieds *Tristan* – eine Gotteslästerung?

(von Pietro Archiati)

Das großangelegte Epos Gottfrieds von Straßburg, der *Tristan,* bietet eine Fülle von Bildern und Lebenssituationen, deren tieferer Sinn nicht immer leicht zu erfassen ist. Ein Beispiel unter vielen ist die 24. Aventiure, wo das «Gottesurteil» stattfindet. Hier werden Tristan und Isolde erneut beschuldigt, ihrer Liebe füreinander zu huldigen, obwohl Isolde König Markes rechtmäßige Frau ist. Denn für ihn, für seinen Onkel, hatte Tristan sie aus Irland geholt. Während der Rückfahrt nach England aber hatten sie beide «unwissend» den Liebestrank getrunken, der für Isolde und Marke bestimmt war. Die magische Kraft dieses Trankes würde bewirken, so war vorausgesagt, dass die zwei, die ihn zusammen trinken, unwiderstehlich zueinander streben müssten und unmöglich ohne einander leben könnten.

Melot und Marjodo, Tristans Feinde am Hof, versuchen nun auf neue Weise Tristans Beziehung zu Isolde zu entlarven. Diese sind nämlich bis jetzt nie auf frischer Tat ertappt worden. Die zwei Feinde bringen es zustande, den König zusammen mit Isolde und Tristan zur Ader zu lassen. Den folgenden Tag verbringen alle drei im Bett. Bevor Marke am dritten Morgen zur Messe geht, bestreut Melot den Boden der Schlafkammer mit Mehl. Wenn Tristan sich aus seinem Bett stiehlt, um sich zum Bett Isoldes zu begeben (was die Ankläger für sicher halten), würde man auf dem Boden die Spuren nachweisen können. Isoldes Dienerin Brangäne bemerkt jedoch die Falle und warnt Tristan. Dieser kann aber dem Verlangen nach Isolde nicht widerstehen und springt mit äußerster Kraftanstrengung von seinem Bett zu dem ihrigen hinüber. Dabei platzt eine Ader auf, und das herausschießende Blut färbt Isoldes Bettlaken und Kleider rot. Tristan *springt* zu seinem Bett zurück. Marke findet bei seiner Rückkehr keine Spuren auf dem Boden und kann sich das Blut, das er bei beiden im Bett entdeckt, nicht erklären. Der Zweifel packt ihn heftiger als je zuvor – ihn, der zu allem bereit wäre, um Gewissheit zu erlangen.

Dem König wird nun geraten, ein Konzil einzuberufen, um mithilfe der Geistlichkeit und des Göttlichen seinem Argwohn ein Ende zu machen. Ein alter, weiser Bischof betont, dass nur Gerüchte gegen Tristan und Isolde vorgebracht würden. Keiner sei bis jetzt imstande gewesen, sich auf Tatsachen zu berufen. Daher empfiehlt er der Königin, sich dem Gottesurteil zu unterwerfen, um ihre Unschuld unzweideutig zu beweisen. Dies bedeutet, dass sie unter Eid ihre Unschuld erklärt und die geistige Welt als Zeuge anruft, indem sie daraufhin ein glühendes Eisen in die Hand nimmt. Ist die Beschuldigte unschuldig, so wird es die Macht Gottes selbst dadurch bekunden, dass Isolde sich nicht verbrennt.

Der Tag für das «Gottesurteil» wird festgelegt. Isolde schreibt Tristan in einem Brief, er solle sich als alter Pilger verkleiden und an einer bestimmten Stelle am Ufer erscheinen. Sie selbst gelangt auf einem Schiff dorthin und weigert sich, durch einen der Ritter von der Schiffsbrücke zum Strand hinübergebracht zu werden. Der alte Pilger da, sagt sie, der soll mich hinübertragen, falls ihm die Kräfte reichen. Während Tristan sie hinüberträgt, flüstert sie ihm zu, er solle am Strand zu Boden fallen. Der Sturz wird so eingerichtet, dass Tristan einige Augenblicke in den Armen und zur Seite Isoldes liegt. In ihrem Eid darf sie nun erklären, niemals sei sie neben einem anderen Mann als Marke gelegen, niemals habe sie in eines anderen Mannes Armen geruht, mit der einzigen Ausnahme des armen Pilgers, wie sie es alle hätten sehen können. Nach diesem Schwur wird ihr das glühende Eisen überreicht. Sie trägt es, ohne sich zu verbrennen.

Gottfried fügt an diesem Punkt einen eigenen Kommentar hinzu, der seinen Interpreten viel zu schaffen gemacht hat:

dâ wart wol g'offenbaeret	Da wurde klar ans Licht gestellt
und al der werlt bewaeret,	Und bewährt vor aller Welt,
daz der vil tugenthafte Crist	Daß der tugendreiche Christ
wintschaffen alse ein ermel ist.	Windschaffen wie ein Ermel ist.
er vüeget unde suochet an,	Er fügt sich gern und schmiegt sich an,
dâ man'z an in gesuochen kan,	Wie man es nur verlangen kann,
alse gevuoge und alse wol,	So gefüge stäts und wohl,
als er von allem rehte sol.	Als er nach allen Wünschen soll;
erst allen herzen bereit,	Er ist den Herzen gleich bereit
ze durnehte und ze trügeheit.	Zum Truge wie zur Wahrheit.
ist ez ernest, ist ez spil,	Seis zum Ernste, seis zum Spiel,
er ist ie, swie sô man wil.	Er ist wie man ihn haben will.[2]
(V. 15733-44)[1]	

1 Gottfried von Straßburg, *Tristan,* Reclam, Stuttgart 1984, Band 2, S. 348.
2 *Tristan und Isolde,* von Gottfried von Straßburg, übersetzt von Karl Simrock, Leipzig 1855, 2. Teil, S. 238.

Die Episode, die hier erzählt wird, bietet auch ohne Gottfrieds Kommentar erhebliche Interpretationsschwierigkeiten. Zunächst gilt auch für diese Begebenheit die grundlegende Frage, die das ganze Epos betrifft: Sind Tristan und Isolde schuldig oder unschuldig? Ist dasjenige, was sie in dieser «Aventiure» unternehmen, ein verwerflicher Betrug oder der berechtigte Versuch, sich selbst zu retten? Sagt Isolde bei ihrem Eid die Wahrheit oder lügt sie? Ein Mensch wie Goethe konnte noch tief empfinden, dass die Problematik des Tristan-Epos eine gewaltige und allgemeinmenschliche ist, indem er in seinen *Wahlverwandtschaften* eine ähnliche Konstellation der Ereignisse und der Menschenbeziehungen aufzeichnete. Nur konnte er auf den Liebestrank als Mittel verzichten, um eine unwiderstehliche Anziehungskraft aufkeimen zu lassen, welche die Peripetie und die erschütternde Tragik auslöst, die besonders bei der jungen Ottilie ihre Abgründigkeit erweist. Sowohl Goethes *Wahlverwandtschaften* wie auch Gottfrieds *Tristan* haben immer wieder leidenschaftliche Gegner gefunden, die beide Werke als unmoralisch und subversiv verworfen haben.

Bei genauerem Zusehen stellt sich aber heraus, dass es Gottfried weder darum geht, Tristan und Isolde als Heilige noch als moralisch verkommene Menschen hinzustellen, sondern als zwei Menschen, die ständig und ehrlich darum bemüht sind, *zwei* Ebenen des Menschendaseins gerecht zu werden, von denen ihre Umgebung nur die *eine* anerkennt. Die erste Ebene ist die Welt des Innerlich-Seelischen, die persönlich-subjektive

Welt der Neigungen und Sympathien; die zweite ist diejenige der äußeren Umstände und Ereignisse, der objektiven gesellschaftlichen Verpflichtungen. Auf dieser zweiten Ebene ist Isolde Markes rechtmäßige Frau. Auf der ersten Ebene bindet sie eine unwiderstehliche Kraft an Tristan, eine Kraft, die nicht weniger *wirklich* ist als die äußeren Umstände, eine Kraft, die in ihrem Inneren mit der objektiven Notwendigkeit eines Naturereignisses aufgetaucht ist (denn dies ist die Bedeutung des Liebestranks: Er erzeugt nicht etwas, was bisher nicht da war, sondern er bringt dasjenige zum Bewusstsein, was sie seit je miteinander verbindet), und die aus der Welt zu schaffen gar nicht möglich ist. Wäre diese Kraft, nur weil sie innerlich-persönlich und nicht äußerlich sichtbar ist, weniger ernst zu nehmen? Sollte das Bestreben, den äußerlich-gesellschaftlichen Umständen gerecht zu werden, schlechthin gut und die Bemühung, der innerlichen subjektiv-objektiven Wirklichkeit *auch* gerecht zu werden, einfach unmoralisch sein?

Die Episode des Tristan-Epos, die ich hier angeführt habe, scheint mir in künstlerisch vollendeter Weise die Wechselwirkung der zwei hier charakterisierten Ebenen darzustellen. Die eine dieser zwei Welten, in denen jeder Mensch zugleich lebt, wird vom «Blut» und die andere vom «Boden» repräsentiert. Das Blut steht für die innerlich-seelische Welt der Sympathien und Antipathien, der Begierden und Leidenschaften. Der «Boden» stellt andererseits die Welt der äußeren Ereignisse und der gesellschaftlichen Verpflichtungen dar, die Welt der Rechte der anderen, die einem selbst ebenso viele Pflichten auferlegt. Im Epos werden diese zwei Welten sonst auch als «Minne» und «Ehre» dargestellt. Entscheidend in der Gesamtkomposition des Werkes ist die Tatsache, dass die zwei Helden von sich aus niemals versuchen, dadurch eine Lösung für ihre sehr schwierige Lage zu finden, dass sie das Entweder-Oder, das der umliegenden Welt als moralische Maxime eigen zu sein scheint, auch für sich in Anspruch nehmen. Auch dort, wo sie sich vom Hof entfernen, um ungestört *nur* miteinander zu leben, geschieht dies nicht aus eigenem Antrieb, sondern auf Markes Anstiften. Sie selbst sind von Anfang bis Ende bestrebt, beiden Welten zugleich gerecht zu werden.

Der stärkste Einwand, der dagegen geltend gemacht werden könnte, ist Isoldes Versuch, ihre Dienerin Brangäne, der besten Zeugin ihrer Beziehung zu Tristan, durch Mord aus der Welt zu schaffen (in der 18. Aventiure: «Brangäne»). Ihr Plan wird zu ihrer eigenen Erleichterung vereitelt, da sie ihn inzwischen schon bereut hatte. Die zwei von Isolde gedungenen Mörder sehen von ihrem Vorhaben ab, weil Brangäne ihnen von den zwei schneeweißen Hemden erzählt, die Isolde und sie, jede für sich eines, aus Irland mitgebracht hätten. Isolde habe das ihrige oft benutzt, und dadurch abgenutzt und beschmutzt. Für die Heirat mit Marke hätte sie sie gebeten, ihr das ihrige zu leihen. Sie hätte eingewilligt, aber erst nachdem sie ihren Widerwillen geäußert hätte. Außer diesem einen Mal habe sie sonst ihrer Herrin immer willig und gern geholfen und gehorcht.

Da ich dieses Geschehen hier nur streifen kann, so genüge es zu sagen, dass eine hier zulängliche Interpretationsebene nur dann erreicht wird, wenn wir sämtliche Charaktere des Epos als Teildimensionen des *einen* Menschen auffassen. Brangäne ist hier die Kraft der Unschuld und Isolde die Kraft der Schuld ein und derselben Menschenseele. Es ist in Isolde (in jeder Seele) der Wille, sowohl Brangäne (die eigene Unschuld) zu töten, *als auch* sie am Leben zu erhalten. «Zwei Seelen wohnen, ach, in meiner Brust»: Das ist die Lage jedes Menschen, und zwar nicht nur in der Beziehung zu sich selbst, sondern auch in der Beziehung zu jedem anderen. Denn alle Menschen sind Glieder eines Leibes und jeder gehört jedem an. Es gibt für den Menschen nur eine «Unschuld»: der Wille, im Laufe der Zeit alle Schulden allmählich abzutragen. Und da wir *alle allen alles* schuldig sind, wird am Ende jeder in jedem alles sein. Die Unschuld kommt auf diese Weise der Schuld zu Hilfe und die Schuld der Unschuld wiederum zugute, das heißt: Brangäne leiht Isolde ihr schneeweißes Hemd; Isolde ist dadurch imstande, ihre Unschuld (Brangäne) zurückzuerlangen.

«Blut» und «Boden» werden nun in der 24. Aventiure in einer solchen Wechselwirkung meisterhaft dargestellt, die Gottfried für grundverkehrt hält. Der «Boden», die äußere Welt, ist darauf aus, die innere Welt, die des Blutes, zu entlarven, um sie zu vernichten. Der «Boden» muss sich zu diesem Zweck aufwerten, muss mit stärkerer Kraft auftreten, muss *in sich* die Fähigkeit erzeugen, die erwarteten Spuren der verwünschten

Welt des Blutes aufzuzeigen. Der Boden wird zu diesem Zweck mit Mehl[3] bestreut. Die Spuren der Blutwelt sollen sich der «bodenständigen» Welt einprägen. Deren Existenzberechtigung wird von vornherein ungeprüft als Unrecht abgelehnt.

Die gewünschte «Berührung» beider Welten kommt nicht zustande. Tristan springt hinüber, von Bett zu Bett, und das Mehl auf dem Boden (und der Boden selbst) bleibt unberührt. Der Repräsentant der «bodenständigen» Welt, König Marke, starrt nun beides getrennt an: das spurlose Mehl auf dem Boden und das blutbefleckte Bett. Er wird noch tiefer vom Zweifel zerrissen. Er kann nicht begreifen, dass es nicht darum gehen darf, die zwei Welten durch das scheinmoralische Entweder-Oder gegeneinander aufzuwiegeln, sondern sie miteinander zu versöhnen (eine zugestandenermaßen viel schwierigere Aufgabe). Das Entweder-Oder schlägt sich in seinem Gemüt als innere Entzweiung nieder, als nagender Zweifel, der ihn letztendlich in die Verzweiflung treibt. Er meint nämlich, Isolde solle entweder nur ihm oder nur einem anderen angehören. Gottfried will uns dagegen unentwegt vor Augen führen, dass sie in der Tat *beiden zugleich* angehört, dem einen durch die objektive Wirklichkeit der äußerlich-gesellschaftlichen

3 Das weiße Mehl erinnert (in erstaunlicher Weise) an das schneeweiße Hemd, das Brangäne ihrer Herrin geliehen hat. Dort stand das Weiße für die wahre Unschuld, weil sie Isolde retten (das heißt die Schuld abtragen) wollte. Hier steht es für geheuchelte Unschuld, weil Tristans Feinde die «Schuld» entlarven und beseitigen (das heißt verdrängen) wollen. Dies ist der Grund, warum hier das weiße Mehl sein Ziel «verfehlt».

Ordnung, dem anderen durch die Wirklichkeit der innerlich-seelischen Welt, die nicht weniger «objektiv» ist.

Im Tristan-Epos wird uns gezeigt, wie Tristan und Isolde um das Lebensrätsel eher *ringen,* als dass sie dafür eine letztgültige Lösung finden. Der Gang der Handlung zeigt, wie sie eine befriedigende Lösung bis zum Ende *nicht* finden, und dies deswegen, weil sie bemüht sind, *beiden* erwähnten Bereichen treu zu bleiben. *Dass* sie es sollen, daran scheinen sie niemals zu zweifeln; *wie* sie es sollen, dafür scheinen sie keine Lösung zu finden. Manche Leser haben gedacht, Gottfrieds Meisterwerk sei ein Torso geblieben, weil es damit endet, dass sich Tristan mit der *anderen* Isolde, mit Isolde Weißhand, nicht verbinden kann (bei Gottfried heiratet er sie *nicht!*) und die *erste* Isolde nicht zu vergessen vermag. Warum darf aber das Werk nicht *so* enden? Darf der Tod Tristan nicht unverrichteter Dinge ereilen? Darf er nicht sterben, ohne diesmal das Rätsel *gelöst* haben zu können, das er am intensivsten *durchleben* musste? Darf ein Dichter uns nicht sagen wollen, der Mensch sei in einem bestimmten Leben noch nicht imstande, die tiefsten Rätsel zu lösen, weil dazu noch andere Kräfte hinzuerworben werden müssen, die er bisweilen noch nicht besitzt? Auch Goethes *Wahlverwandtschaften,* insoweit sie in erschütternder Tragik ausgehen, bleiben «unvollendet» in dem Sinne, dass diese Tragik – als *letzt*endlicher Ausgang aufgefasst – uns unbefriedigt lässt. Auch dort müssen wir nach beendeter Lektüre uns bedrückt fragen: Ist dies das *letzte* Wort? Ist hier der *letzte*

Schluss? Wie wäre es vielmehr, wenn Goethe das ganze *dazu* geschrieben hätte, um diese Frage in uns erst entstehen und brennen zu lassen, so wie sie in ihm schon lange brannte und einer Lösung harrte?

Die große Frage des Tristan-Epos kann so formuliert werden: Wie kann der Mensch zwei Welten zugleich gerecht werden, denen er gleichzeitig und gleichberechtigt angehört und die in ihren Ansprüchen auf ihn unversöhnlich zu sein scheinen, indem sie sich gegenseitig bekämpfen und ausschließen? Tristan und Isolde *können* gar nicht aufeinander verzichten, auch wenn sie es *wollten:* Wie sollen sie es denn *sollen?* Man könnte entgegnen, dass der Liebestrank willkürlich und unberechtigt eingeführt wird, um die Gewalt des Inneren zu verabsolutieren, die es dagegen zu relativieren und zu bemeistern gilt. Der Anschein von Berechtigung, den dieser Einwand mit sich führt, ist vielleicht der tiefere Grund, weswegen Goethe in seinen *Wahlverwandtschaften* auf jede übernatürliche Magie eines Liebestranks verzichtet. Wenn wir den Liebestrank beiseite lassen und auf die menschliche Erfahrung des Sich-Verliebens schauen: Ist das nicht auch ein gewaltiger Rausch, der den Menschen dazu nötigt, nicht sich zu fragen, wie er ihn ignoriert oder wegleugnet, sondern wie er ihm als einer nicht zu leugnenden Wirklichkeit gerecht wird?

Das Tristan-Epos wirft diese tiefsten Fragen des Daseins durch Bilder auf, weil die Menschheit damals noch nicht die Kräfte besaß, mit vollerwachtem Bewusstsein, mit der Klarheit des Denkens mit diesen Fragen umzugehen. Besitzt sie sie heute?

Rudolf Steiner hat in seinen Karma-Vorträgen Tiefstes dazu beigetragen, dass wir die Fragen des Schicksals nicht einseitig, sondern möglichst vielseitig auffassen. Im Vortrag vom 17. Februar 1924[4] zum Beispiel spricht er von drei verschiedenen Lebensbereichen, in denen sich die drei Grundkräfte und Bestandteile des Schicksals äußern. Den ersten Bestandteil des Karmas nennt er das körperliche Wohlbefinden, das Lebensgefühl des Wohlbehagens oder Missbehagens, die Art und Weise, wie die verschiedenen Lebensprozesse sich in uns abspielen und unsere Körperverfassung bewirken oder beeinflussen. All das, was in uns die grundlegende Körperanlage ausmacht, bestimmt in tiefer Weise auch unser Schicksal mit. Ein zweiter Bestandteil des Karmas ist mehr seelischer Natur. Es sind die Kräfte der Sympathie und Antipathie, der Zu- und Abneigung, die den Lebenslauf eines Menschen nicht weniger durchgreifend bestimmen. Auch in den wichtigsten Entscheidungen des Lebens orientiert sich der Mensch im Grunde genommen, möge er sich das eingestehen oder nicht, nach seinen tiefeingewurzelten Sympathien oder Antipathien. Der dritte und wichtigste Bestandteil des Schicksals ist mehr geistiger Natur. Es sind die Erlebnisse und Ereignisse, die gleichsam von außen auf den Menschen zukommen. Gemeint ist der sogenannte Zufall, der jedem

4 Rudolf Steiner, *Zwischen Schicksal und Freiheit,* Bad Liebenzell 2022, 2. Vortrag, S. 37-61. (vgl. GA 235).

sehr genau zuteilt, was ihm zufällt. Was jedem geschieht, ist immer das für ihn schon längst Fällige. Wir nennen es deshalb Zufall, weil die in ihm waltende Weisheit für uns viel zu tief beziehungsweise zu hoch ist, als dass wir sie ergründen könnten. Jeder Lebensgang erscheint daher im Rückblick als eine Symphonie, die kein Mensch *im Vorblick* hätte komponieren können. Nehmen wir an, wir treffen eines Tages in unserem 30. Lebensjahr einen Menschen. Diese Begegnung bestimmt die nachfolgende Richtung des ganzen Lebens. Wer hat die Millionen Schritte geleitet, die beiderseits, ja vielerseits notwendig waren, um genau an dem Tag und an dem Ort die entscheidende Begegnung hervorzubringen? Die Ereignisse unseres Lebens geschehen durch eine geistige, innere Notwendigkeit, die nicht weniger bestimmt ist als die Naturnotwendigkeit.

Aus der Wechselwirkung dieser drei Grundbestandteile, so führt Rudolf Steiner aus, ist des Menschen Schicksal zusammengesetzt. Aber dem Schicksal gegenüber steht die Freiheit des Menschen. Die Art und Weise, wie er zu diesen drei «ehernen Notwendigkeiten» des Lebens Stellung nimmt, ist seine eigene Sache. Und darin besteht ja die Übung der menschlichen Freiheit: sowohl im Denken wie auch im Handeln aus dem Karma das Beste zu machen. Denn das Karma trifft alle gleich, es behandelt jeden gerecht. Der Unterschied zwischen Mensch und Mensch besteht lediglich darin, dass der eine sich bloß «betroffen» fühlt, der andere dagegen eine Kraft aus der Betroffenheit schöpft, die Welten erschließt.

Wenn wir diese Hinweise der Geisteswissenschaft, die die Komplexität des Schicksalswirkens ordnend umfassen, beachten und uns an ihnen orientieren, um das Tristan-Epos zu verstehen, so erscheint dieses Werk einschließlich der genannten Episode in einem neuen Licht. Denn die drei Schichten des Karmas werden auch hier ganz eindeutig eingeführt. Das Zur-Ader-Lassen verweist auf die körperliche Beschaffenheit, auf die Lebensempfindung der betreffenden Personen. Die innere Welt der Sympathien, der Leidenschaften und Neigungen wird im «Gottesurteil» durch die Wirklichkeit des Blutes dargestellt. Der Bestandteil des Schicksals schließlich, der sich in den äußerlich-objektiven Ereignissen und Erlebnissen, in den gesellschaftlichen Pflichten äußert, wird vom «Boden» repräsentiert, da die Ereignisse des Lebens gleichsam die objektive Grundlage und das Fundament des Gesamtkarmas eines Menschen darstellen.

Die Wechselwirkung zwischen «Blut» und «Boden» geschieht in dieser Episode auf der Grundlage einer körperlichen Beschaffenheit, die so dargestellt wird, dass ein Aderlass stattfinden muss. Dieser Vorgang deutet auf eine übermäßige Vitalität, die dem Bewusstseinsleben polar entgegengesetzt ist. Wir haben hier Menschen vor uns, die sich bemühen, ihre Lebenskräfte herabzudämpfen, weil eine halbbewusste Sehnsucht nach mehr Bewusstsein sich in ihnen regt. Dies gilt auch für das bewusste Erfassen des Schicksals: In ihrem Ringen, sein Rätsel erkennend zu ergründen, kommen diese Menschen darauf, dass die Vitalkräfte in ihnen zu stark wirken. Damit wird uns zweierlei gesagt:

erstens, dass sie nach einer Erkenntnis des Schicksals streben; zweitens, dass die Lebenskräfte in ihnen noch zu mächtig sind, um jene Erkenntnis zufriedenstellend zu ermöglichen.

Auf dieser Grundlage des körperlichen Wohlbefindens entfaltet nun Gottfried die bedeutungsvollste Wechselwirkung zwischen den Kräften des «Blutes» und des «Bodens». Der Boden (alles, was für Tristan und Isolde äußere gesellschaftliche Ordnung ist) will nicht das Blut (was da webt zwischen ihnen) *auch* gelten lassen bei der Suche nach einer Harmonisierung beider, sondern will es vernichten, weil er das Recht auf Existenz lediglich für sich in Anspruch nimmt. Der Boden wird zu diesem Zweck mit Mehl bestreut. Die äußere Welt wird aufgewertet in der Erwartung, dass die Spuren des inneren Karmas, das heißt der Welt der Sympathien und Antipathien, sich da eingraben und sichtbar werden. Selbstverständlich sollte sich die innerlich-seelische Beschaffenheit «äußern», das heißt in der Welt der objektiven Taten und der feststellbaren Ereignisse zur Erscheinung kommen. Aber in dieser Äußerung sollte ihre Versöhnung mit der objektiven Welt, nicht ihre Vernichtung, gesucht werden. Und weil hier ihre Abschaffung angestrebt wird, bleibt die erwünschte Berührung der inneren mit der äußeren Welt aus. Die zwei Bereiche des Karmas, die es miteinander zu versöhnen gilt, klaffen auseinander, und diese Zerrissenheit schlägt sich im Inneren des Königs als Zweifel nieder. Marke ist der Mensch, der das ganze Epos hindurch vom Impuls des Zweifels durchdrungen ist. Wo, wie bei ihm, die Stufe der Empfindungsseele überschritten wird, ist die vorbewusste, unproblematische Weltverbundenheit dahin. In der Sehnsucht nach Verständnis und Gewissheit gerät der Verstand allzu oft in einen Kampf gegen die urwüchsigen Kräfte des Gemüts. Diese innere Entzweiung zwischen Verstand und Gemüt äußert sich im Zweifel. Der Erkenntniszweifel vermag nicht endgültig zu entscheiden, ob sich eine Sache so oder so verhält. Der Handlungszweifel kann nicht entscheiden, ob so oder so zu handeln sei. Die Kraft der Gemüts- und Verstandesseele lebt in Marke entzweit im Entweder-Oder (*entweder* gehört Isolde mir, *oder* sie gehört Tristan). In dieser Kraft liegt aber lediglich der Anfang der Freiheit; ihre Vollendung wird erst durch das helle Licht der Bewusstseinsseele erlangt, die im Sowohl-als-auch zu leben vermag. Es ist die Kraft, sowohl der physischen *als auch* der geistigen, sowohl der inneren *als auch* der äußeren Welt gerecht zu werden. Beide Daseinsebenen werden hier anerkannt und bejaht und durch Liebe so gestaltet, dass sie füreinander, nicht gegeneinander wirken.

Marke, der Zweifler, der Entzweier, starrt den Boden an, ohne darauf Fußspuren zu finden, und er starrt andererseits das Bett voll Blut an. Die Kräfte des Blutes, der Innerlichkeit, der es nicht erlaubt wird, sich mit dem Boden zu verbinden, stauen sich und ufern aus. Das Bett, gleichsam eine erweiterte Innerlichkeit, «errötet» ganz («O! daß das Weltmeer / Schon erröte-te, / Und in duftiges Fleisch / Aufquölle der Fels!»[5]). Der Fels,

5 Novalis, «Hymne», in: *Novalis, Werke,* hrsg. von G. Schulz, München o. J., S. 37.

der Boden, ist aber hier vom Blut noch nicht berührt, noch nicht erweicht.

Gottfried von Straßburgs Epos, in dem vermeintlich ein Ehebruch dargestellt und ausgelebt wird, ist in Wirklichkeit eine Variante der Szene der Ehebrecherin im Johannes-Evangelium (8. Kap.). Christus ist nicht mit denen einverstanden, die bereit sind, Steine gegen sie zu werfen. «Wer von euch ohne Schuld ist, werfe als erster den Stein.» Jede Menschenseele, indem sie in der «Erbsünde» die Heimatwelt des Geistigen verlassen hat, ist zur Ehebrecherin geworden. Sie hat sich in den Strom der Zeit hineinbegeben und irdisches Karma in sich aufgesammelt. Aber das karmische Konto jeder Seele ist unermesslich, ist unergründlich. Jede Isolde, das heißt jede Menschenseele, ist sowohl jedem Marke *als auch* jedem Tristan unendlich schuldig. Wohlbegründet ist das «Unvollendete», womit unser Epos endet. Tristan scheidet aus dem diesmaligen Leben in der Sehnsucht nach einer *neuen* Liebe, die dadurch sich «erneut», dass sie zu einer Kraft erstarkt, die sich zu «vervielfältigen» vermag. Es dämmert am Ende in Tristan das Bewusstsein auf, dass die Kraft der Liebe auf andere Weise («fremd») wieder aufleben muss, dass sie sich, um dem Unendlichen in ihr gerecht zu werden, um jedes Konto mit jedem Menschenwesen zu begleichen, in vielen künftigen Lebensläufen erfüllen muss. Ein Leben allein genügt nicht. Die vollendete Weisheit, gleichsam das Wasser des Rheins, eignen wir uns löffelweise an durch Vermannigfaltigung in kleine Rinnsale. Und die vollkommene Liebe, die gleichsam als ein Weltenfeuer alles durchglüht, durchwärmt uns nicht auf einmal, sondern lodert in kleinen Bränden auf als die jeweilige Flamme eines jeden Lebens.

> Ei, dacht er, Gott, wie sehr bin ich
> Von Liebe doch verirret!
> Dieß Leid, das so mir wirret,
> Mir Sinn und Leben nimmt dahin,
> Um das ich so bekümmert bin,
> Soll das mir auf der Erden
> Jemals gesänftet werden,
> Muß ich durch fremdes Lieb genesen.
> Ich hab es manchesmal gelesen
> Und weiß wohl, Einer Liebe Haft
> Benimmt der andern ihre Kraft.
> Des Rheines Fluß und tiefer Schooß
> Ist nirgend doch so tief und groß,
> Wie seine Wellen fließen,
> Sie sind wohl auszugießen;
> Gießt man so lange Guß auf Guß,
> Daß sich erschöpfen muß sein Fluß,
> So wird zuletzt der große Rhein
> Nur noch ein kleines Rheinlein sein.
> Kein Feur auch hat so große Macht,
> Ist man mit Ernst darauf bedacht,
> In einzelnen Bränden
> Die Kraft ihm zu entwenden,
> So muß es wohl zerstieben.
> So geht es auch im Lieben:
> Auch der Minner kommt ans Ziel.
> (V. 19424-49)[6]

Der Tristan ist ein Epos, das die tragische Wende im Liebestrank und das Ende im «Unvollendeten» darstellt. Die Macht

6 Simrock, op. cit., 2. Teil, S. 388-9.

des Liebestranks bewirkt im Menschen ein erstes Aufdämmern des Bewusstseins eines schon lange bestehenden Karmas. Tristan unverrichteter Dinge aus dem Leben scheiden zu lassen, stellt die Morgenröte des Bewusstwerdens der Wiederverkörperung dar. Die Schuld, das heißt dasjenige, was jeder jedem schuldet, weitet sich hier ins Unendliche, rückwärts und vorwärts. Die Geburt wird nicht mehr als erster Anfang, der Tod nicht mehr als letztes Ende angesehen.

In der Verabsolutierung *eines* Lebenslaufs aus der Überzeugung heraus, dass der Mensch nur *einmal* lebt, vermag es der Mensch nicht, alle zukünftigen Ausgleichungen des Karmas mit allen Menschen *im Bewusstsein schon jetzt vorwegzunehmen,* das heißt gegenwärtig zu haben. Denn erst durch diese geistig-seelische Vorwegnahme wird jede künftige Beziehung, wenngleich auf andere Weise, schon jetzt bejaht und miterlebt. Wenn ich als Lehrer im gegebenen Augenblick *einem* Schüler besondere Aufmerksamkeit schenke, so mit dem Bewusstsein, dass er nicht allein in der Klasse da ist. Völlig anders wäre die Beziehung, wenn die anderen Schüler nicht da wären oder meinem Bewusstsein entschwinden würden. Erst die Gegenwart und die bewusst miterlebte Wirklichkeit aller anderen Schüler macht die augenblickliche Bevorzugung zu einer solchen. So sind alle «engeren» Beziehungen eines Lebens, von höherer Warte aus gesehen, Bevorzugungen eines Augenblicks. Und erst so gesehen werden sie absolut ernst, werden sie unendlich wertvoll, weil die «einmalige» Chance nicht versäumt werden darf. Denn die Vorrangstellung wird das nächste Mal einem anderen gelten.

Recht hatte Marke, indem er halbbewusst empfand, dass man nicht gleichzeitig alle Beziehungen voll ausleben darf. Er empfand: Entweder gehört sie mir oder Tristan, aber nicht beiden. Recht hatten aber auch Tristan und Isolde, indem sie halbbewusst empfanden: Dasjenige, was zwischen uns webt, ist eine heilige Wirklichkeit, der wir *auch* treu bleiben sollen. Ihnen allen fehlte das klare Bewusstsein der Wiederverkörperung, die uns ermöglicht, *allen* gerecht zu werden – wenn auch nicht allen «gleichzeitig» in einem einzigen Leben auf gleich tiefe Weise. Was ich hier «Vorwegnahme des Zukünftigen im Bewusstsein» nenne, wird sicherlich anders erfahren als das, was man auch äußerlich in der «Bevorzugung» voll durchlebt und durchleidet. Dieses Letztere bekommt aber erst aus jener umfassenden Bewusstseinsperspektive heraus die volle Bedeutung und den vollen Inhalt.

So können wir jetzt auch das Paradoxe des «Gottesurteils» besser verstehen. Isolde lügt, und sie lügt nicht, weil sie schuldig ist und zugleich unschuldig, wie im Grunde genommen jeder Mensch. Denn: Ist es unsere Schuld, dass wir so vielen Menschen so viel schuldig sind? Ist es Schuld, noch mit so viel «Schuld» aus dem Leben scheiden zu müssen? Das Tristan-Epos antwortet hierauf wie Christus im Johannes-Evangelium: Hat keiner dich verurteilt? Auch ich verurteile dich nicht. Geh hin und wirke so, dass du dich nicht noch schuldiger machst, sondern immer weniger schuldig, indem du unentwegt daran arbeitest, allmählich alle Schulden abzutragen. Die Zeit wird kommen, wo der Mensch sagen darf: «Alle Schulden sind abgetragen.»[7]

In diesem Licht erscheint auch der zitierte Kommentar, den Gottfried dem Gottesurteil hinzufügt, verständlicher. Die wichtige Entscheidung, die der Leser hier treffen muss, besteht darin, ob er mit Gottfried einverstanden ist, dass die geistige Welt die Unschuld Isoldes bekundet. Derjenige, der Isolde nur als schuldig ansieht, kann in diesem Gottesurteil nur eine Gotteslästerung erblicken. Für ihn ist das Epos eine «auf ehebruch und fälschung eines gottesurteils mitgegründete fabel».[8] Auch beim Faust können viele nicht einverstanden sein, dass dieser am Ende eine Himmelfahrt statt einer Höllenfahrt erlebt. Weil ich aber versucht habe zu zeigen, warum es wohlbegründet ist, dass die geistige Welt zu Isoldes Rettung kommt, so können auch die nachfolgenden Überlegungen Gottfrieds in ein neues Licht gerückt werden. Was über den «vil tugenthafte Crist» (V. 15735) gesagt wird, kann sowohl für Christus selbst wie auch für jeden Christ gelten, der vom Geist Christi durchdrungen ist. Er ist zugleich «tugenthaft» und «wintschaffen», sowohl Initiative ergreifend (tugendhaft im Sinne von taugen und tüchtig sein) wie auch empfänglich für den äußeren «Wind»

---

7 Goethes *Märchen* von der grünen Schlange und der schönen Lilie, Hamburger Ausgabe, Bd. 6, S. 236.
8 J. Grimm, «Rede auf Lachmann», in: J. Grimm, *Kleinere Schriften,* Bd. 1 (Berlin 1864), S. 157.

der Umstände, der weht, wohin er will. Inneres und Äußeres wollen sich nicht gegenseitig ausschließen, sondern miteinander versöhnen. Jedem dient er «ze durnehte und ze trügeheit» (V. 15742), das heißt: zu biederer Tadellosigkeit und zu trügerischer Erscheinung. Bevor diese «trügeheit» unsere moralische Empörung erregt, müssen wir bedenken, dass es wenigstens drei Erscheinungen des Trügerischen gibt: 1. Jemand betrügt jemanden; 2. etwas trügt (täuscht) jemanden; 3. jemand täuscht (trügt) sich selbst. Von diesen drei Fällen kommt hier – aufgrund der bisher ausgeführten Überlegungen – der erste am allerwenigsten in Betracht. Wo eine Täuschung vorkommt, kann im Grunde genommen der Betreffende nur *sich* täuschen und sich dadurch betrügen. Ein Beispiel arger Selbsttäuschung ist, wie ich gezeigt habe, die nicht hinterfragte Annahme, dass die Beziehung zwischen Tristan und Isolde kein Recht auf Existenz und auf Entfaltung habe. In dieser Hinsicht kann Isolde durch ihren Eid die Menschen nicht mehr und nicht weniger «betrügen», als sie selbst schon innerlich in Irrtum, in Selbsttäuschung leben. Gottfried darf mit vollem Recht und Ernst von Isolde behaupten: «die generte ir trügeheit und ir gelüppeter eit» (V. 15747-48) – ihr trügerisches (nicht verlogenes!) Wesen rettete und schützte sie, zusammen mit ihrem «vergifteten» (nicht gefälschten!) Eid. «Gelüppe» heißt Gift, Zaubersalbe; «lüppe» (luppe) heißt Salbe, Arznei, Vergiftung, Zauberei. Isoldes Schwur wirkt ja heute noch wie «Gift» auf viele Leser, die sie wie Markes Welt verurteilen und der Falschheit zeihen, weil ihr Schicksal in seiner Komplexität und Paradoxie sie auch «täuscht». Sie verteufeln Gottfried, weil er Gott zu Isoldes Rettung kommen lässt – als ob er dadurch die Menschen irreführen wollte, wo er nur den Menschen retten will. Wenn Marke, Isolde und Tristan heute wieder da wären, wenn *wir* sie wären: Wären wir imstande, die Selbsttäuschung und den Selbsttrug zu bannen? Könnten wir das innere «Gift» ausspeien und gelassen dem Karma in allen seinen Forderungen Rechnung tragen? Denn die Grundaussage von Gottfrieds *Tristan* bleibt, dass Isolde *sowohl* Marke *als auch* Tristan angehört. Die unvermeidliche «Einseitigkeit» eines jeden Lebens kann ihre *moralische* Rechtfertigung nur in der bewusst aufgenommenen Perspektive der Reinkarnation erlangen. Denn nur in dieser Perspektive darf ein ganzes Leben hindurch vieles auf sich warten lassen und unausgelebt bleiben, weil jede «Schuld» mit jedem Menschen noch Gelegenheit finden wird, abgetragen zu werden. Im Tristan-Epos ist diese klare Antwort so nicht enthalten. Aber die *Frage* wird so gewaltig und tragisch dargestellt und durchlebt, dass sie wie ein Saatkorn wirken kann, das in künftigen Zeiten das volle Bewusstsein der einzig richtigen Antwort entfalten wird. Denn zweierlei sagt uns Gottfried in seinem Epos: durch Isoldes «Treue» zu Tristan, dass *alle* Schulden mit *allen* Menschen abgetragen werden müssen; durch Markes «Treue» zu Isolde, dass dies in *einem* Leben nicht möglich ist. Das Dritte daraus zu schließen überlässt Gottfried seinem Leser.

Dieser Vortrag wurde am 22. Oktober 1999 im Kulturzentrum Gasteig in München gehalten.

Der vorliegenden Ausgabe liegt eine vom Vortragenden nicht überprüfte Tonbandnachschrift zugrunde. Was die Redaktion der Nachschrift betrifft, so ist versucht worden, möglichst den Duktus des gesprochenen Wortes beizubehalten. Manchmal sind einzelne Worte ergänzt, wenn Sätze unvollständig sind. Oder die unvollständigen Sätze sind, so wie sie gesprochen wurden, wiedergegeben. Einige Wortstellungen sind in der gesprochenen Sprache gebräuchlich, jedoch weniger in der geschriebenen. Deshalb sind für den vorliegenden Text behutsam Umstellungen vorgenommen worden.

Die Formulierung der Teilnehmerfragen ist nicht immer wortwörtlich wiedergegeben, da sie oftmals akustisch schlecht zu verstehen sind. Inhaltsangaben und Fußnoten stammen von der Herausgeberin.

Der Aufsatz im Anhang «Das Gottesurteil in Gottfrieds Tristan – eine Gotteslästerung?» geht auf ein maschinengeschriebenes Skript des Autors zurück. Der Aufsatz wurde in der Zeitschrift *Die Drei,* 62. Jg., Sept. 1992 gedruckt.

Pietro Archiati (1. Juni 1944 – 26. Februar 2022) wurde in Capriano del Colle (bei Brescia, Italien) geboren. Ab seinem 10. Lebensjahr besuchte er eine Klosterschule in einem kleinen missionarischen Orden. Nach dem Abitur absolvierte er ein Studium der Theologie und Philosophie in Rom und München. 1968-70 war er Volksschullehrer in Laos während des Vietnam-Krieges. 1974-76 war er als Ordenspriester in New York unter anderem in der Marriage-Encounter-Bewegung tätig.

Danach lebte er als Einsiedler am Comer See, wo er 1977 das ihm bis dahin völlig unbekannte Werk Rudolf Steiners entdeckte. Dazu sagte er in einem Vortrag (2002): «Innerhalb von Tagen … wusste ich mit innerster Gewissheit: Das ist dasjenige, was du ein ganzes Leben in Ost und West gesucht hast. Wie ein Orkan hat es auf mich gewirkt.» 1981-85 war er in Südafrika als Dozent in einem Priesterseminar. Die Spannungen mit der Kirche nahmen naturgemäß mit der Zeit zu und hatten letztendlich zur Folge, dass sein Wirken im Rahmen der Kirche nicht mehr möglich war.

Seit 1987 war er unabhängig von jeder Institution als Autor und Redner in Deutschland und anderen Ländern tätig. Seine Bücher sind in verschiedenen Sprachen erhältlich. Seit 2004 veröffentlichte er bis zu seinem Tod zusammen mit der Verlegerin Monika Grimm im Verlag *Rudolf Steiner Ausgaben* Werke und Vorträge Rudolf Steiners, die heute einen besonderen Aktualitätswert haben. Seine Vor- und Nachworte zu den Steiner-Bänden sind der Versuch, eine Brücke zwischen der Anthroposophie und dem heutigen Zeitgeschehen zu schlagen.